保育の心理学

[第3版] 子どもたちの輝く未来のために

相良順子・村田カズ
大熊光穂・小泉左江子 著

ナカニシヤ出版

はじめに

　少子化や親の働き方の変化など社会的状況が大きく動いている中で，保育や幼児教育の重要性がますます高まり，優れた保育者の養成が必要とされています。

　本書は，2008年の保育所保育指針の改訂に基づき，子どもの発達を理解する「保育の心理学Ⅰ」と保育実践と関連づけて援助について学ぶ「保育の心理学Ⅱ」の2つの科目の内容を合わせもった，保育士や幼稚園教諭の養成課程で使われるテキストとして2012年に世に出ました。幸い，多くの保育者や幼稚園教諭の養成機関でテキストとして使っていただき，第2版を作成する際に「学習」の視点を加えた改訂版を出しております。今回は，2017年の保育所保育指針の改訂もあり，また，読者からいただいた意見をもとに多少の改訂を施し，さらに，わかりやすい魅力的なテキストにしております。

　本書は，大きく6つの章から構成されています。第1章は，保育をするうえでの発達を学ぶ意義や子どもに関する見方の歴史的な変化を紹介しています。第2章は，子どもの運動機能や認知発達について，第3章は子どもと人とのかかわりについての発達を述べています。第4章は第2版の改訂で新たに加えた章で，学習の仕組みについて解説しています。第5章は，生涯発達の視点で子どもの発達をとらえ，第6章は，子どもの発達を援助する方法や評価について説明しています。どの章もすべて関連しています。章の順どおりに始めても，また，途中の章から始めてもかまいません。どこから始めても子どもの理解につながるようになっています。各章には，実際の現場でよくみかける事例をあげ，教科書の内容が具体的な保育場面とどうつながるのか理解しやすいようにしました。また，各章の節の終わりには，「考えてみよう」を設けて，保育の実践と結びつくような課題を設けてあります。子どもの発達や学習の仕方を理解することと，それを保育の実践に結びつけることは，意外とむずかしいものです。「保育の心理学Ⅱ」で保育実践を考えるときに各章の事例や「考えてみよ

う」の課題を使うことで基本的な発達理解と実践との関連が理解されることを想定しています。

　著者の4名は，発達心理学，教育心理学を専門とし，かつ保育の現場に研究や相談などでかかわっている者です。日々，保育者養成課程の学生と接する中で，また，保育の現場を観察する中で，保育者としてこれだけは身につけてほしいと思うことを選んで，本書に盛り込みました。この本が，近い将来，保育の道に進もうと考えている方にとって，子どもへの理解が深まり，子どもとのかかわりが楽しみになることに役立つよう願っています。また，すでに保育の現場で子どもと接している保育者の方には，子どもの発達についてさらに深く理解が進み，子どもと接することがさらに楽しくなるような内容であるようにと工夫しました。多くのご意見を頂ければ幸いです。

　最後に，ナカニシヤ出版の山本あかねさんにはたいへんお世話になりました。構成から編集に至るまで常に的確な対応をしていただいたことに深く感謝いたします。

2018年1月
著者を代表して　相良順子

4か月児

目　次

はじめに　i

第1章　保育と心理学 ——————————— 1
　1．子どもの発達を学ぶのはなぜか　3
　2．子どもの見方，とらえ方　8

第2章　子どもの発達と環境 ——————————— 17
　1．子どもの発達と環境　19
　2．からだの発達と運動機能　29
　3．見ること・考えることの発達　37
　4．情緒の発達と自己の形成　46
　5．ことばの発達　56

第3章　人との相互的かかわりと子どもの発達 ——————————— 67
　1．基本的信頼感の獲得　69
　2．人とのかかわり　78
　3．友達関係と遊びの発達　83

第4章　学びと発達 ——————————— 97
　1．記憶の発達　99
　2．学びのしくみ　104
　3．やる気と環境　110

第 5 章　生涯発達と発達援助 ────────── 115

1. 発達段階と発達課題　117
2. 胎児期および新生児期　120
3. 乳幼児期　125
4. 児 童 期　130
5. 青 年 期　135
6. 成人期以降の課題　139

第 6 章　発達援助と評価 ────────── 147

1. 発達援助の意義　149
2. 保育実践の評価と心理学　159

索　引　171

コラム
1. 育児方法には流行がある　14
2. 保育とアフォーダンス　28
3. １＋１＝？　２－１＝？　45
4. 秩序の敏感期　55
5. ことばの相談　66
6. 愛着の個人差　76
7. 友達との遊びの変化　95
8. チャイルドビジョン　119
9. 保育園の入所時期はいつがよい？　146
10. 個別の支援計画　157
11. 評価の落とし穴　168

保育と心理学

保育者が子どもの発達や子どもの存在をどうとらえるかは保育実践そのものに大きく影響します。どんなとらえ方があり、そしてこれからそれを保育にどう生かしていけるのでしょうか。

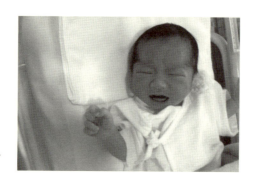

年齢あてクイズ ①
この子は生後何日目でしょう？

☞ 解答は 169 ページ

# 子どもの発達を学ぶのはなぜか

1. 発達とは

　発達とは，受精から死にいたるまでの**心身**の継続と**変化**を指します。今の私は以前の私と同じであり，過去から続いていますが，一方で私は5歳のときと10歳のときでは運動能力も知識もずいぶん違っています。

　発達には青年期あたりまでの心身の機能の増大だけでなく，機能の衰退や喪失も含まれます。ただし，**衰退**や**喪失**には，身体が成長する段階におけるものもあります。たとえば，新生児の持つ歩行反射という運動は生後しばらくして消えます。また，乳幼児のファンタジーの世界は，認知の発達や科学的な知識の獲得によって次第に消えていきます。また，人生の後半では身体的衰退だけでなく，豊富な知識や経験，知恵という精神的成長が含まれます。このように，身体的にも精神的にも，人は獲得と喪失を繰り返して発達しているのです。

2. 発達のプロセス

　発達的変化は，**成熟**と**学習**という2つの過程を通じて起こります。成熟は，動物としての人間という種が持っている遺伝的情報と個人の遺伝的情報による生物学的なものです。人は生後1年くらいたったときに歩き始め，初めてのことばを発するようになります。10代の前半から半ばくらいで性的な成熟に達し，その後，年を重ねて死にいたります。このような変化は人間という種の生物学的なプログラムの部分です。

　学習は，経験によって比較的長期にわたり，感覚や思考や行動が変化するこ

とです。私たちは生涯にわたっていろいろな経験をして多くのことを学習します。その多くが人とのかかわりの中で起こり，私たちが主体的に獲得していくものです。人は，乳児のときから，自ら環境に働きかける主体的な存在だといえます。だからこそ，大人は，子どもの特徴をよく理解し，どんな環境を与えるかが大切になります。

　何かを獲得するということは，良い面だけではありません。たとえば，心の理論を獲得することにより，人の立場にたってものごとを考えられるようになりますが，これは，同時に意図的なうそをついたりすることのはじまりでもあります。

　特に人間はこのようにいろいろな知的な機能を獲得して，対人関係において複雑な社会をつくりだしています。そのため，子どもから老人まで多くの人の悩みは対人関係のことになります。人は人の間に生まれ，人の中で悩み成長していくといえます。

3. 発達の進み方

　発達には成長する時期と停滞する時期があり，その時期は子どもによって異なります。たとえば，4歳になっても，何らかのこだわりをかかえてなかなか仲間と遊べない子どもがいたり，5歳になってもひらがなに興味を示さない子どもがいます。こういう時期は保育や教育の現場にいる者には一見，発達が停滞しているようにみえますが，ある時期，あるいはある日をきっかけに，仲間の輪に参加するようになったり，文字を書くようになったりすることがあります。外からみると停滞にみえることも，その内部では成長が進んでいるのだと思われます。

　発達の領域は，身体，運動，認知，情緒，自己などの領域があります。生涯を通じて，これらの領域が相互に影響を及ぼしあっています。影響には2通りあり，ひとつはどちらかの発達がもう一方の領域の発達を**促進**するということ，もうひとつは，どちらかの発達がもう一方の領域の発達を**抑制**するということです。関連の深い身体的発達と心理的発達をみてみると，促進の例では，はいはいという移動の手段を手に入れた乳児は飛躍的に認知が発達すること，抑制の例で

は，言語の発達が早い子どもが，自分が移動しなくても欲しいものがことばで手に入るために歩行が遅れたりすることがあります。

一時的な特定の領域の遅れや進みにとらわれることなく，子どもの全体的な発達をみるようにすることが大切です。

4. 発達の個人差

ほとんどの人がたどる発達の道がある一方で，同じ人は2人といません。同じ家で育っても，子どもたちは違う興味を持ち，価値観を持ち，能力を持っています。保育の場では，個々の子どもを理解することが必要になります。子どもを理解しようとするとき，子どもが過去に心身のどういう発達をたどってきたのか，これからどういう発達の筋道をたどるのかを理解することが必要となります。

一般的な発達の筋道を理解しておくと，目の前の子どもの**個性**がみえてくる場合があります。たとえば，園でなかなか仲間と遊べない子どもがいたとします。その子どもにとって最適な援助を考えるとき，まず，その子が同じ年齢の子どもに比べてどういう点で行動が異なるのか，どういう状況で気になる行動が現れるのかを観察します。そして，その子の身体的な発達，知的な発達，家庭の状況，園の仲間とその関係を広く見渡す必要があります。このように，目の前の子どもに適切に対応できるような力をつけるためには子どもの発達を学ぶことが大切だといえるでしょう。

5. 保育実践とのつながり

前節まで保育における発達的観点の重要性について述べてきました。ここでは，保育者として発達を学ぶことの意義をまとめてみましょう。

まず，第1に，子どもの安全に配慮した保育をするために役に立ちます。子どもの発達の次の段階の行動を予想することで，安全な環境を整えることができます。たとえば，はいはいをしている赤ちゃんはある日突然つかまり立ちをし，歩き始めることがあります。はいはいをしているころから，いつ歩き始め

ても安全なように環境を整備することができます。第2に，子どもの発達を学ぶことで子どもの理解がすすみ，子どもの成長ぶりに気がつく機会が多くなるでしょう。また発達を促すにはどんな働きかけや楽しい遊びをしてあげればよいかがわかるようになります。一人ひとりの子どもの成長が楽しみになって，保育が楽しくなってきます。第3に，保育の現場でみられる子どもの「困った行動」とみなされる行動について，なぜそのような行動をするのか，どんなメッセージやサインをおくっているのか考えるときに役に立ちます。また，発達的にどういう意味があるのか，一時的な気になる行動なのか，それとも専門的な支援につなげるべき行動なのかどうかの判断に役立ちます。たとえば，乳児期の「人見知り」「後追い」や2歳から3歳にかけてみられる強い自己主張の行動などです。第4に，保護者に対して適切な支援をするために役立ちます。たとえば，ことばがいつごろでるようになるのか心配している保護者に対して，保育者は日ごろの子どもの様子を伝え，保護者の不安や心配を受け止めることができます。

■ 考えてみよう

1. 下記の事例を読んで，あなたが保育者だったら，お母さんにどう答えるか考えてみましょう。

> ある保育園でいつも最後に帰るC君（5歳）は，お母さんが迎えに来てもすぐに帰ろうとしません。どこかに隠れてなかなか出てこないこともあります。他の子どもがお迎えで次々と帰っていくのを見て，「早くお迎え来ないかなあ」と言っているのにです。お母さんは「早く帰ろうよ。お母さんもおなかすいたわ」とか「今日はカレーだよ」などと言って誘うのですが，なかなか出てきません。ついに「いいかげんにしなさい！　先に帰るわよ」とお母さんに叱られながら帰っていきます。
> こんな日が何日か続くとお母さんもお迎えのときイライラしています。
> ある日保育者とお母さんはこんな会話をしました。
> 保育者「お母さん，C君は毎日お母さんが早く迎えに来ないかなあと首をなが一くして待っているんですよ」
> 母「それならどうして素直に帰らないのかしら？」

☞ 解答は169ページ

2．下記の事例を読んで考えましょう．

> 　ある晴れた日の昼下がり，一人のきちんとした身なりの女性が2～3歳くらいの女の子をベビーカーに座らせて電車に乗ってきました．女性は空いていた座席に座り，ベビーカーを自分の前に横向きに止めました．女の子の顔が見えない位置で，女性は盛んに携帯電話を操作していました．
> 　女の子は携帯音楽プレーヤーのイヤホンを耳に当てていたのですが，靴を履いていた足を右へ左へとベビーカーの外へ蹴り出し始めました．女の子の靴が，女性の隣に座っている人の膝に当たっていました．それに気づいた女性は，女の子の足を押さえました．すると，女の子は怒ってベビーカーから上に抜け出そうとベルトを押し下げ始め，ベルトが上手く外れないので，「キー！」と大声を上げました．子どもの声が「キーキー！」と大声になってくると，女性は，自分のバッグの中から何かを探しました．
> 　バッグからあめの袋を取り出し，女性がオレンジ色のあめ玉を個袋から出して女の子に手渡すと，女の子は，あめ玉を手に持って少しなめては，手を替えてまたなめることを上手く繰り返していました．しかし，手を振ったはずみに，あめ玉が車両の床に落ちてしまいました．女の子は，「キー！」と大きな声を上げながら，あめ玉がどこに落ちたか探し始めました．女の子がベビーカーから出ようとするので，女性は，無言で押さえて座らせようとしました．「キーキー！」と大声を上げながら女の子は，ベビーカーの上からあちこちあめ玉を探し続けていました．
> 　女性は，ベビーカーから少し離れたところに落ちていたオレンジ色のあめ玉をティシュでそっとつまんで，自分のバッグの中に入れました．

①よく見かける電車の中の様子かもしれませんが，なぜこの子はキーという奇声しか出さなかったのでしょうか？
②この様子を見ていた筆者とはよく目を合わせていたこの女の子と，母親と思われる女性は，最後まで一度も目を合わせることがありませんでしたし，話しかけることもありませんでした．この点について，どのように考えますか？
③女の子は，母親に助けを求めていませんでしたが，どうしてでしょうか？

子どもの見方, とらえ方

1. 子どもとは何だろう―子ども観―

(1) 子ども観とは

　子ども観とは, 子どもをどのようなものととらえるか, 子どもについてどのような考えを持っているか, ということです。「何といっても子どもはかわいい」「子どもは小さく弱いので守ってやらなくてはならない」「子どもであってもその意思を尊重すべきだ」など, 様々な見方があります。私たちの持つ子ども観は, 自分自身の子ども時代の経験や, 様々な子どもと接した経験, あるいはメディアなどを通して入ってくる子どもに関する情報など, 多くの経験や学習から形作られています。さらに, 個々人の持つ子ども観は, その人の生きている時代や文化, 風土, 環境に影響されています。

　子ども観は, それを持つ人自身の子どもへのかかわり方を決めていきます。したがって, どのような子ども観を持っているかということは, 保育者にとって大変重要な意味を持ちます。すでにある様々な子ども観について知ることも, 自分自身の子ども観を見直す, あるいは形成していくためのヒントとなるでしょう。

(2) 歴史の中の子ども観

　子ども観は時代とともに変化してきました。また, 時代だけでなく, 文化や風土によっても異なる子ども観が生まれます。

　ヨーロッパでは, 中世まで子どもは「小さな大人」としての扱いを受けていました。フランスの歴史家アリエス（Ariès, P.）は当時の絵画に描かれた子ど

もは大人と同じようなからだつきをし、表情も子どもらしくないことから、「子ども期」の概念そのものがなかったと論じています。それは、当時は赤ちゃんが生まれても、死亡してしまう確率が高く、人々にとっての子どもはあまり関心を引く対象ではなかったということや、多くの家庭において子どもは慈しんで守り、育てるものというよりも家族にとっての重要な労働力とされたからだと考えられます（濱川、2009；関口・太田、2009）。また、キリスト教の原罪思想に基づき、子どもはもともと罪（悪）を背負って生まれるのだから、厳しくしつけ、教育し、正しい方向に矯正しなければいけないという考え方もありました。

ところが近代に入ると、様々な思想家たちが、子どもの育つ力、子どもの内面に秘められている生命力に気づき、その価値を強く主張し、称賛するようになりました。特にルソー（Rousseau, J. J.）はその著書『エミール』の中で「子どもの状態を尊重すべきであり、大人が早急に判断を下すのではなく自然のなすがままにするのが良い」というように主張しています。子どもには、子ども特有の見方や感じ方がある、子どもはもともと善であり（性善説）、大人はあえて子どもに知識を与えることは避け、子どもの自然な変化を邪魔してはいけないと考えました。

ルソーの思想はペスタロッチ（Pestalozzi, J. H.）に引き継がれ、彼もまた子どもの持つ自発性に注目し、子どもに強制的に知識を教え込むようなことをいましめています。こうした、近代ヨーロッパにおける「子どもの発見」と新たな子ども観は、その後の保育や教育の発展にも大きく寄与しました（関口・太田、2009）。

同じころの日本では、どのような子ども観が持たれていたのでしょうか。16世紀半ば、戦国時代のころに日本を訪れたイエズス会の宣教師ルイス・フロイス（Fróis, L.）によると、日本人の子育てはヨーロッパ人のそれに比べるとごく「自然」なものであったようです。何か特別な道具や環境を用意するということはせず、子どもの自然な成長に合わせて親が自然な手助けをしているというようにフロイスの目には映ったようです（吉岡、2004）。

また、19世紀初頭、江戸時代後期にさしかかるころに長崎出島のオランダ商館に勤務していたヨハン・フレデリク・ファン・オーフェルメール・フィッセ

ル（Overmeer Fisscher, J. F. van）による見聞体験記（1833）にも「日本では親が子どもに対して思いやりがあり，子どもの行為に対して寛大な対応をしている」とあります。さらに，明治時代初頭に日本を訪れ，日本人への教育にも尽力をつくした動物学者モース（Morse, E. S.）は「世界中で日本ほど子どもが親切に取り扱われ，そして子どものために深い注意がはらわれる国はない」と記しています（Morse, 1917）。もちろん，このころまでの日本人すべてがこのような子育て，あるいは子ども観を持っていたとは限りません。子どもは労働力でもあったし，貧しい農村では間引きの風習もありました。しかし，欧米に比べ日本人は子どもを「天からの授かり物」というようにとらえる傾向があり，その育ちに対しても親は何かを強制的に与えるというようなことはせず，自然な成長を主軸に子どもを育てる風土があったのではないでしょうか。

2. 発達観にはどのようなものがあるか

　子どもをどのような存在とみるかということは，発達をどのようなものととらえるか，すなわち**発達観**とも関係してきます。イギリスの経験主義哲学者のジョン・ロック（Locke, J.）による「タブララサ（幼児白紙説＝生まれたばかりの赤ん坊は白紙の状態でみな同じ条件であり，その後の環境の違いが人をつくる）」の思想も一つの発達観といえるでしょう。どのような要因が，どんなふうに働いて発達をつくるのかについての種々の考え方も，それぞれが発達観といえるものです（第2章第1節）。ほかにも様々な視点からの発達観があります。

（1）生物学的視点から

　生物学的な視点からの発達観の一つとして，人の新生児は「**生理的早産**」であるといったポルトマン（Portmann, A.）の説があげられます（Portmann, 1951）。多くの高等な哺乳類は，生まれたばかりであっても大変発達した身体機能を備え，すぐに立ち，歩き，自ら母親の乳房を探すことができます。それに比べると，人間の新生児は，特に身体・運動能力の面においてむしろ下等動物の新生児と同じような状態であるといっても過言ではありません。そこでポ

ルトマンは「人間は生後1歳になって，真の哺乳類が生まれた時に実現している発育状態に，やっとたどりつく。そうだとすると，この人間がほかの本当の哺乳類なみに発達するには，われわれ人間の妊娠期間が現在よりもおよそ1ヵ年のばされて，約21ヵ月になるはずだろう」と述べ，哺乳類としての人間の新生児の特殊性を強調しています。

(2) 発達の普遍性

19世紀末から20世紀にかけて，人間科学が発展し，幼児や児童，青年の発達についての研究も盛んに行われるようになりました。現代の発達心理学は，発達を「生涯にわたる心身の機能や構造の変化の過程」と定義して，発達曲線において衰退や下降で表されるような成人期や老年期における変化も含めて研究がされるようになっています。しかし20世紀後半までは，発達心理学の対象はほとんどが青年期までの年代でした。そして，発達という概念も，ほぼ暗黙のうちに，子どもの伸びる，大きくなるという成長を表すものととらえられ，その成長の過程を解明することに焦点が当てられました。そしてハヴィガースト（Havighurst, R. J.）による発達段階，フロイト（Freud, S.），エリクソン（Erikson, E. H.），ピアジェ（Piaget, J.）などに代表されるような，人間はどのような発達段階を経るのかということに関する理論が生まれました。これらは，人間のどの側面に焦点を当てているかの違いはありますが，いずれも人間の発達における原理原則を見出そうとしており，発達には一般性，普遍性が存在するという発達観といえます。

(3) 発達の領域固有性

ピアジェの発達理論を例にとると，各段階を特徴づけている思考の様式は広い意味での思考力一般に共通すると仮定されています。ですから，ある段階から次の段階に移行するということは，全般的な思考力の質が変化するということであり，大人と子どもでは思考の様式が異なる，ということになります。しかし，1970年代以降，ピアジェの有名な「保存課題」の実験を，子どもにとって非常に身近で実体験もあるわかりやすい場面に置き換えると，従来なら保存課題は難しくて理解できないとされていた年齢の幼児が，たやすくその課題

を解くことができたという研究が行われました（Gelman, 1972; McGarrigle & Donaldson, 1975; Hargreaves, Molloy, & Pratt, 1982; 上野ら, 1986）。同じ問題でも，どのような文脈の中でどのような問われ方をするかにより，答える方には難易度が変わってきてしまう現象です。

　また，一般的には，年長者の方が年少者より知識量が多く，思考力も高度であると思われています。しかし，特定の領域に関心を持ち，並はずれた知識や能力を獲得している年少児の場合，そうでない年長児に比べるとその領域における思考力は勝る，といった研究もあります（Chi, Hutchinson, & Robin, 1989）。これを「**領域固有の知識**」「**領域固有の思考力**」といっています。

　こうした考え方は「一般的な心的構造の発達の普遍性」というとらえ方に対して一石を投じています。

(4) 文化差の視点から

　また，文化や社会による違いが発達の普遍性とされるものに必ずしも一致しないと考える立場があります。たとえば，独り歩きができるようになるのは平均的な発達では 13 〜 15 か月ごろとされていますが，南アフリカの狩猟採集民族であるサン人は早くから立位の姿勢や，歩行運動を促す訓練をする結果，始歩の時期が 1 歳前といわれています。一方では運動発達が早く進むのをよしとしない民族もあります。日本でも，はいはいをしないで歩き始める子どもの報告があります（第 2 章第 2 節）。その文化，社会の持つ特有の構造的な特性や，その中の大人がどのような価値基準のもとに子どもに働きかけるかによって，子どもの発達は異なってくるということがいえるでしょう。

　日本とアメリカの子育ての違いを調べた東ら（1981）の行った研究では，子どもがスーパーマーケットで走り回って他の客の迷惑になっているような場面でのしつけの方法に関して調べたところ，日米とも母親の約半数は「〇〇しなさい」と直接命令をすると答えましたが，日本の母親の約 20％は「〇〇しないと××になりますよ」と，間接的に「すべき行為」を教えるのに対して，アメリカの母親で同じような答えは 2％しかなかったということです。一方，アメリカの母親は「〇〇したら△△をあげる」とご褒美を提示する答えが 15％ありましたが，日本の母親では 1.4％しかなかったそうです。また，子どもの知的発

達に深くかかわる要因は何かという質問に対して，日本の母親は慎重であること，根気強く続けることと答え，アメリカの母親は独創的であることや，積極性をあげています。こうした研究からは，発達とは子どもが自分の属する文化に適応し，その価値観を身につけることである，と言い換えることもできるでしょう。

3. 現代の子ども観と保育

　子ども観の変遷と発達観をみてきましたが，保育者の持つ子ども観や発達観が保育実践そのものに大きな影響を与えることはすでに述べました。保育者は，今，そしてこれから，どのような子ども観を持ち，これを保育に生かしていけるのでしょうか。

　日本は現在少子高齢化がかつてないスピードで進んでいます。家族の形態をはじめ，子どもを取り巻く環境は大きく変化しています。1960年代までは専業主婦となる女性が多かったのが，1970年代から女性の就業率が伸び，男女雇用機会均等法が1986年4月から施行されたのちは，女性の社会進出にも拍車がかかり，それに伴って子どもを育てることへの意識も変わってきました。

　最近では，乳幼児連れの家族が，深夜にファミリーレストランで食事をしている光景も珍しいものではなくなりました。夜型の生活リズムとなっている乳幼児の増加や，朝食をとらないで登園，登校する子どもの増加は，現代日本の子育て環境の象徴の一つともなっています。この背景には，核家族化に代表される家族形態の変化やライフスタイルの変容があると考えられます。そして，そのことは早朝から深夜までの長時間保育や休日・病児保育への需要の高まりにつながっています。しかし，これは少し乱暴にいってしまえば，子どもを「小さな大人」として大人の生活パターンの中に組み込もうとする，または組み込むことにあまり疑問を持たない大人が増えているというように，とらえることができるのではないでしょうか。

　保育者の役割のひとつは保護者に代わって乳幼児を養育，教育することですが，一方では働く保護者のニーズにこたえるという役割もあります。「小さな大人」ではなく，本来の子どもとしての生活を保障することと，保護者あるい

は社会からの要請にこたえることは，時として矛盾をはらみます。様々な子ども観，発達観が錯綜する現代社会の中で，保育者のよりどころとすべき視点は何かを定めるのは大変難しくなってきています。

最後に，子どもは庇護され，守られるべき存在であると同時に，自己の意思を持った自律的な存在でもあるというところから「**児童の権利に関する条約**」についてふれておきます。

この条約は1989年に国連で採択され，1994年に日本でも批准されました。この条約の特筆すべき点として，子どもの「自己の意見を表明する権利」「表現の自由の権利」が明記され，子どもであっても，その年齢，発達段階を考慮したうえで大人と同じ権利を有するということが掲げられています。これからの子ども観のひとつの方向性を示しているといえるでしょう。

コラム 1　育児方法には流行がある

「ゲゲゲの女房」の原作者，武良布枝さんはその著書の中で，「病院ではアメリカ式の育児を提唱していました。母乳よりミルクの方がいいという指導を行っていたのです。そしてわたしの母乳が出るのに，『母乳はやめて，ミルクを飲ませなさい』と指導をされました」と書かれています。

当時昭和30年代半ばごろには，今までの日本の子育ては古く，アメリカ式が優れていると考えられていたのです。決められた時間に，母乳ではなくミルクを決められた分量だけきっちり与えるのが子どもにとって良い，抱き癖がつかないよう泣いても抱いてはいけないという「アメリカ式の最新の育児法」がもてはやされたのです。

しかし時は変わり，現在ではミルクより母乳の方が優れており，欲しがったときに欲しいだけ飲ませてあげましょう，泣いたら抱っこしてあげましょうと全く正反対になっています。

また，この他にも，紫外線にあてないように日光浴ではなく外気浴をしましょう，アレルギーの心配があるので離乳食はできるだけ遅めに開始しましょう，離乳食はおかゆから始めましょう（果汁はあげません）など，驚くほど全く違っています。

このように，育児方法はその時代の流行があり，変わっていくものなのです。

■ 考えてみよう
1.「子ども」ということばからあなたが連想することをあげてみましょう。
2.「早期教育」あるいは「超早期教育」といわれているものについて考えましょう。
　①どのような例がありますか。
　②どのような発達観のもとに行われているのでしょう。
　③早期教育について，あなたの考えをまとめてみましょう。

■ 参 考 書
波多野誼余夫（編）　1996　認知心理学 5――学習と発達　東京大学出版会
関口はつ江・太田光洋（編著）　2009　実践としての保育学――現代に生きる子どものための保育　同文書院

【引用文献】
東　洋・柏木惠子・ヘス，R. D.　1981　母親の態度行動と子どもの知的発達――日米比較研究　東京大学出版会
Chi, M. T. H., Hutchinson, J. E., & Robin, A. F.　1989　How inferences about novel domain-related concepts can be constrained by structured knowledge. *Merrill-Palmer Quarterly*, **35**, 27-62.
Gelman, R.　1972　Logical capacity of very young children: Number invariance rules. *Child Development*, **43**, 75-90.
濱川今日子　2009　子ども観の変容と児童権利条約　国立国会図書館調査及び立法考査局　青少年をめぐる諸問題―総合調査報告書　国立国会図書館調査及び立法考査局 pp.66-76.
Hargreaves, D. J., Molloy, C. G., & Pratt, A. R.　1982　Social factors in conservation. *British Journal of Psyhology*, **73**, 231-234.
本郷一夫（編著）　2011　保育の心理学Ⅰ・Ⅱ　建帛社
McGarrigle, J., & Donaldson, M.　1975　Conservation accidents. *Cognition*, **3**, 314-350.
Morse, E. S.　1917　*Japan day by day*. Boston.（石川欣一（訳）　1960　日本その日その日　平凡社）
武良布枝　2008　ゲゲゲの女房　実業之日本社
Overmeer Fisscher, J. F. van　1833　*Bijdrage tot de kennis van het Japansche Rijk*. Amsterdam.（庄司三男・沼田次郎（訳）　1978　日本風俗備考 2　平凡社）
Portmann, A.　1951　*Biologische Fragmente zu einer Lehre vom Menschen*.（高木正孝（訳）　1961　人間はどこまで動物か――新しい人間像のために　岩波書店）

上野直樹・塚野弘明・横山信文　1986　変形に意味ある文脈における幼児の数の保存概念　教育心理学, **34**, 94-103.

吉岡眞知子　2004　日本の子育て文化における子ども観──日本における子育ての習俗からみて　東大阪大学・東大阪大学短期大学部教育研究紀要第2号, 29-35.

9か月児にうちわを取られて泣いている6か月児

子どもの発達と環境

この章では,からだや運動機能,認知や言語,情緒の発達について学びます。子どもの発達は,どのような環境でどのような経験をするかによって大きく変わります。保育者に求められることを考えながら学びましょう。

年齢あてクイズ ②
この2枚の写真は同じ子どもを同じ日にとったものです。この子は何歳でしょう？

☞ 解答は169ページ

子どもの発達と環境

1. 発達をつくりだすもの

　子どもを育てるとき、多くの人は「この子にとって、できるだけ良い環境を用意したい」と考えます。環境が子どもに与える影響の大きさを、自分自身の経験からも察知しているからでしょう。また、保育や教育の営みも、環境や経験が子どもを変えることを前提にしなければ成り立たないといってもよいでしょう。では、良い環境とはどういう環境をいうのでしょうか。

　このことを考える前に、発達には環境だけでなく、遺伝という要因も大きな影響を持っていることも思いださなければなりません。ここでは、発達という変化を生み出す要因について学び、さらに子どもにとっての環境の意味を考えます。

(1) 発達を作り出す要因とは―遺伝・成熟と環境・学習―

　自分はどうしてこのような性格になったのだろう？とか、あの人が走るのが速いのは、生まれつきなのだろうか？など、発達をつくりだす要因は何かということについては、古くから関心が持たれてきました。そして、生得的な要因（**遺伝、成熟**）と後天的な要因（**環境、学習**）が二大要因としてあげられてきました。成熟とは、親から遺伝的に受け継いだものが、一定の時間的経過を経ると自然に現れてくる、ということです。一方、学習とは、ある環境の下で、繰り返し経験を重ねることにより、それまでは持っていなかった特性を獲得することです。

　遺伝・成熟説の代表的な提唱者として**ゲゼル**（Gesell, A.）が、環境・学習説

ではワトソン（Watson, J. B.）が知られています。ゲゼルには，双生児を被験児とした有名な実験があります（Gesell & Thompson, 1941）。まず，双子の片方の子どもにのみ，階段上りの訓練を一定期間施します。その後，もう片方の子どもと階段上りの競争をさせたところ，訓練を受けた子どもの方が，かなり素早く階段を上れました。そこで次に，もう片方の子どもにもわずかの期間ですが訓練を行って，さらに競争を続けたところ，時間が経つにつれ，二人の差がなくなってしまったというものです。ゲゼルは，多くの特性には，それが現れるための準備状態（**レディネス**）があり，これは成熟によって決まるのだと考えました。

一方，ワトソンが行った実験として，アルバート坊やの実験が知られています（Watson & Rayner, 1921）。白いふわふわした毛を持つウサギと遊ぶのが大好きだったアルバート坊やに，ウサギと遊んでいるときに大きな嫌な音を聞かせる，という経験を繰り返し与えた結果，アルバート坊やはもともと持っていなかったウサギに対する恐怖心を植え付けられてしまった，というものです。ワトソンはこれにより，その人が置かれた環境条件を操作することにより，どんな特性でも獲得させることができる，と主張しました。

(2) 遺伝も環境も―相互作用説―

このように，発達には「遺伝・成熟」と「環境・学習」が関与していることは明らかですが，どちらの要因が重要なのか，という議論は過去のものとなり，現在では両方の要因ともに大切であり，さらにこれらが相互的に作用することによって，発達が生じるというとらえ方が一般的になっています。いくつか説を紹介しましょう。

1) 輻輳説

遺伝と環境の両方が集まって発達をつくり上げるという説です。シュテルン（Stern, W.）により提唱された説ですが，シュテルンは「精神的発達は単に生来的に持っている特質の表れでもなく，単なる外的な影響の結果でもなく内的な素質と外的要因の相互交渉，輻輳による」と述べています。これをわかりやすく説明したルクセンブルガー（Luxenburger, H.）の図があります（図2-1）。

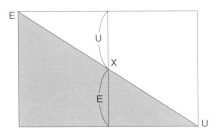

E：遺伝要因　U：環境要因　X：ある形質の位置

図2-1　ルクセンブルガーの図式（新井，1997）

　この図では，EとUを結んだ線上に人間のあらゆる特性が位置すると仮定します。そして，Xの位置にある特性は，遺伝からの影響を50%，環境からの影響を50%受けてできたものと考えます。

2) 環境閾値説

　ジェンセン（Jensen, A. R.）によって考えられた説です。遺伝的に備わっている形質であっても，それが現れるためにはある一定以上の環境の条件が必要である，とする説です。つまり，素質を持っていても，環境条件が一定以下であればその素質は現れないし，非常に環境条件が良くても，遺伝的な形質がない場合にはその特性は現れないということです。たとえば図2-2の特性Aは

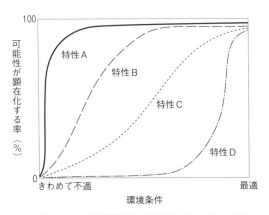

図2-2　ジェンセンの環境閾値説の解説図（平井，1997を改変）

環境条件がかなり不適切であっても表に現れてくる特性だということを示しています。したがって，このAには「身長」や「顔立ち」といった特性を当てはめることができるでしょう。逆に特性Dは環境条件がかなり良くないと，現れてきにくいような特性を示しています。

3) 相互作用説

遺伝要因と環境要因がお互いに影響を及ぼし合って，その結果として発達が生じると考える説です。たとえば，子どもがある経験により学習をすると，その子どもの状態は以前と違ったものになりますが，さらに，その子ども自身が環境に働きかけて環境を変化させることもできる，というものです。

例として，**気質**[1]として気難しい，神経質な特性を持った赤ちゃんがいるとします。ちょっとしたことでもぐずりやすく，いったん泣きだすとなかなか泣きやみません。このような赤ちゃんを育てる母親の側にも，母親自身がもともと持っている特性があります。自分を世話してくれる母親は，赤ちゃんにとって重要な人的環境でもあります。この例の場合，母親はしきりにぐずる赤ちゃんの世話をしているうちに，自分自身も大変神経質になってしまうかもしれません。赤ちゃんの特性によって，人的環境である母親が変容するわけです。そして，神経質なかかわりを続けることによって，赤ちゃん自身の特性をさらに強めていく，といった相互循環的な現象を生み出すかもしれません。

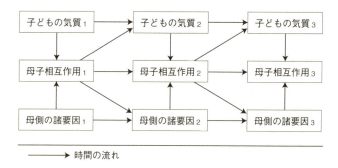

図2-3　サメロフ（Sameroff, A.）の相乗的相互作用モデルによる個体要因と環境要因の相互作用
(高橋ら, 1993)

---

[1] 気質：子どもの生まれ持った特性で，遺伝的要因が大きいとされている。

2. 初期経験の重要性

　前項では遺伝要因と環境要因がともに影響を及ぼし合って発達をつくり上げることについて述べました。ここでは発達の、特に初期の期間に着目して、この時期の経験の特殊性について考えたいと思います。

(1) 動物にみられる初期経験
　発達初期の限られた期間での特定の経験がその後の発達を決めてしまうようなときに、その経験を「**初期経験**」とよびます。動物行動学者のローレンツ（Lorenz, K. Z.）は、ガンやカモなどの離巣性の鳥のヒナが孵化直後に初めて見た大きくて動くものを「親」として刷り込み、その後を追うようになること、いったん刷り込まれたものは修正できないことを見出しました。これを「**刷り込み**」または「**刻印づけ**」といいます。こうした現象が起きる、初期の限られた期間のことを「**臨界期**」とよびます。

　また、ハーロウ（Harlow, H. F.）は生後すぐに母ザルから引き離されて養育された子ザルは、情緒不安定になり、通常の子ザルが関心を持って近づく玩具に対して恐怖心を示すなどの行動がみられること、さらに成長しても性行動が困難になることがあり、親になったとしても育児行動がとれないといったようなことを明らかにしました。

(2) 人間にとっての初期経験
　では、人間の場合はどうでしょうか。野生児[2]の存在は多くの人に知られています。しかし、信憑性に欠ける例が多いとも言われています。
　1973年に、日本のある町で、6歳と5歳の姉弟が約1年半、トタン小屋に放置されていたところを救出されました。虐待のうちのネグレクトにあたる例と考えられます。

---

　2) 野生児：何らかの原因によって人間の社会から隔離されて育った子ども。「アヴェロンの野生児」や「狼に育てられた子（アマラとカマラ）」「カスパー・ハウザー」などが知られているが、アマラとカマラについては現在ではその存在に疑いも持たれている。

7人の子どもをかかえた両親は，以前から育児放棄の状態であり，発見時には2人とも身長は80cm程度，歩行もおぼつかず，言葉も話せない状態でした。救出後，姉弟は施設に入所，専門家を中心とした特別な治療教育チームが作られ，養育と教育が開始されました。

衣食住の改善はもとより，通常なら生後～2, 3歳までの間に経験する愛着形成を重視した大人からの温かい働きかけ，そして，認知・言語面の教育のプログラムに沿って約20年間にわたる支援が行われました。その結果，姉弟とも目覚ましい成長をみせ，小学校へは2年遅れての入学でしたが，高校卒業後は社会人そして母親としての生活を送っているということです（藤永ら，1987）。

この例は，人間の初期経験を考えるうえで，大変貴重な記録です。

人間にも動物の臨界期をもう少し緩やかにした**敏感期**を想定する考え方もあります。幼少時に虐待などの極限的な経験をすると，後々まで心的外傷として問題を残す例が実際にあることなどからも，人間における初期経験の重要性は否定できません。しかし，上の姉弟の例は人間の持つ環境への適応力，発達の可能性を示した例として非常に大きな意義があります。

保育者は，発達の初期にある乳幼児の保育に携わるにあたり，この時期に経験するのが望ましいとされる様々な環境を整え，用意することが必要です。それと同時に，これまでの間に何らかの問題や困難をかかえてきたかにみえる子どもたちであっても，その発達の可塑性[3]，弾力性，可能性を忘れてはならないでしょう。

3. 子どもの発達と環境

子どもは，生まれる前は胎内環境の下で，出生後は様々な人的・物的環境の下で育ちます。子どもを取り巻く環境を考えるとき，ブロンフェンブレンナー（Bronfenbrenner, U.）の「**生態学的システム**」理論が参考になります。この理論では，子どもは入れ子構造を持った生態学的環境に組み込まれて発達すると考えます（図2-4）。一つひとつの入れ子がマイクロシステム，メゾシステム，

3）可塑性：発達にダメージを受けても回復できること。

1　子どもの発達と環境　25

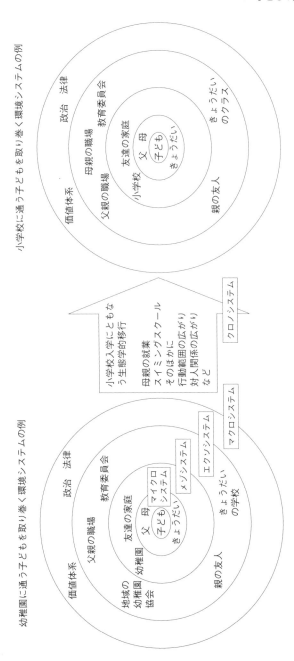

図2-4　幼稚園と小学校の子どもの生態学的環境とその変化（関口・太田, 2009）

エクソシステム，マクロシステムと名づけられています。

　入れ子構造の中心となるマイクロシステムとは子どもにとって直接の交流のある最も近い環境のことで，家庭や幼稚園・保育所，あるいは親や幼稚園・保育所の友達や先生，保育士といった人，場所，物がこれにあたります。子どもは，このマイクロシステムから直接的に様々な強い影響を受けます。

　家庭での生活状況が幼稚園・保育所での子どもの行動に影響を与えたり，幼稚園・保育所で行っている行動様式を家庭でも取り入れたりというように，家庭と保育所はいろいろな形で相互に関連し合っています。このように，子どもの持っている複数のマイクロシステムを相互に連結させるシステムをメゾシステムと呼んでいます。子どもが新しいマイクロシステムに入るたびにメゾシステムが新しく形成されていきます。

　さらに，エクソシステムとは，子どもが属しているマイクロシステムに直接影響を及ぼすわけではありませんが，間接的に影響してくるもので，たとえば親の職業や職場，きょうだいの通う学校，幼稚園・保育所の保育者間の人間関係などです。こうした場での親やきょうだいの経験は家庭に持ち帰られ，彼らの子どもへの対応に影響を及ぼします。

　マクロシステムとはこれまで説明した3つのシステムの根底にあるイデオロギーや宗教，文化などです。このように，子どもは常に複合的な環境の下で日々生活し，成長しています。子どもだけでなく，私たちはすべて，生まれてきた時代やその土地のもつ風土，文化や慣習の影響を切り離して生活することはできません。

　そして，このシステムでは時間軸が重視され，弟妹の誕生，入園や入学，卒園や卒業など子どもにとっての環境の変化（これは子ども自身の立場や役割の変化と言い換えることができます）が生じるとそこに生態学的移行が起きて，前述した4つのシステムもそれに連動して変化する（これをクロノシステムとよびます）と考えます。

　まとめると，環境は子どもとの関係の質に応じて重層的な構造を持ち，かつ時間軸上で変化しながら全体がシステムとして働くということになります。したがって，環境からの影響は子どもに一方的に与えられるものとして作用するのではなく，環境構造の中心にいる子ども自身のその時々の状況が，環境の

変化を作り出すということでもあるということを示しています。これは、1の(2)で取り上げた、「相互作用説」にも通じる見方です。

　日本では、中央教育審議会が1990年代後半から家庭の育児力の低下を危惧する指摘をしており、2001年に国立教育政策研究所が子どもを持つ親に実施した調査では約7割近くの親が、さらに2007年の調査では8割以上の親が「家庭の育児力が低下している」と答えています（佐々木，2010）。さらに、地域全体で子どもを育てようという意識も、それが可能な物理的な環境も脆弱化しています。また、幼稚園・保育所の保育者は、保護者とのコミュニケーションの取り方の難しさが年々増してきているといいます。マイクロシステム、メゾシステムのありようが不安定な状況にあるといわざるを得ません。しかし、それらの背後にあるマクロシステムについて同時に考慮しなければ、問題の所在は明らかにならないでしょう。

　保育者は子どもにとってのマイクロシステムを構成する重要メンバーです。保育者の言動、保育の内容が直接子どもに与える影響は大事ですが、システム全体の中で子どもに何が必要か、あるいは現在行っている保育がシステム全体の中でどのような位置づけになるのかという広い視点を持つことも必要でしょう。

■ 考えてみよう

1. 本文中の環境閾値説の図（図2-2）で、曲線 B，C，D にはそれぞれどのような特性があてはまるでしょうか。
2. あなた自身の生態学的環境を図に表してみましょう。

コラム 2　保育とアフォーダンス

　あなたはコップを見たとき，どんな動作を連想するでしょうか。感じ方は様々ですが，おそらくコップから「書く」とか「着る」という動作を連想する人はいないでしょう。ほとんどの人は，コップを見ると「(持ち上げて)飲む」という行為を思い浮かべると思います。しかし，砂場遊びをしている幼児はコップをどのように使うでしょう。もちろん，砂をジュースに見立ててコップに入れ，飲むふりもしますが，コップに砂を詰めこんで逆さに伏せ，そっと持ち上げて砂のプリンを作ったりもします。そのほかに，コップを転がして遊ぶことも，コップ同士を打ち合わせて楽しむこともあるでしょう。ここで，コップと幼児の関係を「コップ(の持つ特徴)が，幼児の○○という行動を誘発した」と考えてみてください。状況に応じて，コップが幼児の「飲む」行為，あるいは「(プリンの)型にする」行為を誘発すると考えるのです。このように，ものと人との関係において，あるものを見た時にその人の中に，ある行為が誘発されること，これを「アフォーダンス」といいます。アフォーダンスとはギブソン(Gibson, J. J.)による造語で，「環境がいきものに提供する価値」であり，「もの自体がそれをどう扱ったらよいかの情報を発している」(佐々木，1994)ということを表しています。

　保育者は，子どもの周囲のさまざまなものが，どのような価値を持ち，どのような扱い方を子どもに情報発信しているのかを多様にとらえる力が必要です。たとえば園庭に落ちている木の葉は，幼児にどのような行為をアフォードするでしょう？「拾い上げる」，「ちぎる」，「踏む」，「まき散らす」，「(ままごとの)お皿にする」等々，まだいくつも出てくるのではないでしょうか。子どもは，様々な形でものと関わりながら，アフォーダンスを学習していきます。保育の場で「何をどのように用意したらいいか」と考える時，「子どもが多くのアフォーダンスを発見できるような環境」という視点をもつようにしてみましょう。

からだの発達と運動機能

1. からだの発達

(1) 乳幼児の発育段階

　人間の一生の中で，乳幼児期は一番成長が著しい時期です。からだが大きくなっていく成長を段階別にみていくと次のようになります。

1）新生児期

　子宮から産道を通過してこの世に生まれた瞬間，自ら呼吸をして酸素を取り入れなければなりません。その第一呼吸が「産声（うぶごえ）」です。

　生後4週間を**新生児期**といって，母親から独立して生きていくうえでの変化が体内で起きています。たとえば，肺呼吸が始まり心臓と肺の血液の循環経路が変わるため，心臓の中の壁が閉じたり，血管の一部が閉鎖したりします。

2）乳児期

　新生児期を含めて，母乳やミルクを主な栄養とする時期を**乳児期**といいます。法律的には，乳児は「満1歳に満たないもの」と規定されていますが，発達心理学的には誕生から1歳半くらいまでを乳児期とよんでいます。乳児は半年を過ぎるころから母親からの免疫がなくなるので，一人の人間として環境に適応していかなくてはなりません。乳児期の終わるころには一人で歩けるようになり，離乳食を卒業し固形物が食べられるようになります。

3) 幼児期

1歳半くらいから小学校に就学するまでの子どもを幼児とよび，移動・操作・意志の伝達という3つの自由を獲得します。3歳までに人としての身体の基礎がつくられ，3歳ごろになると脳の機能が急速に発達して，記憶・思考や自己抑制などができるようになってきます。

(2) 体型の移り変わり

出生時の体重はおよそ3000gで，1年間で約9kgまで増加します。しかし身長・体重は個人差が大きいので，子どもの体重をみるときには必ず身長に対してどうかという判断が大切ですし，生まれてからの体重の経過をみる必要があります。

乳児期から幼児期前期にかけての体型は，太り気味です。これは，栄養を十分摂って身体を充実させていく時期だからです。筋肉や皮下脂肪や内臓のすべてが整っていきます。幼児期後半から小学校の低学年は，体重の増加より身長の増加が目立ち，一見やせ型になります。からだの充実より精神知能の発達が目覚ましい時期です。

このあと7～9歳ごろの太り型の時期を経て，10～12歳ごろには子どもらしさから脱皮し思春期が始まる時期をむかえます。

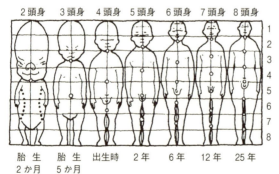

図2-5 身体各部の均衡 (Stratz, 1922)

2. 運動機能の発達

(1) 発達の原則

　子どもは，心やからだのあらゆるものが未熟から成熟へ向かって発達していきますが，発達には順序があり，時間をかけてできていきます。

　たとえば自立歩行するまでの道のりをみても，まず頭に近いところから力がついてきて首がすわり，ついで胸部，腹部の筋肉に力がついて，腰を動かして寝返りをし，ついでおすわり（腰のすわり）をします。そして下半身の力によって立ち上がり，バランスをとって独り歩きを始めます。

　またこのような運動の始まるときをみると，はいはいしていた赤ちゃんがある日突然つかまり立ちをするというように，あるとき突然次の段階へと移っていきます。言い換えると，普段やっているいろいろな動作や運動は次の段階へ移行するための準備であることがわかります。

　このように常に一定の流れで発達は進んでおり，これは運動機能だけでなく，知能や言葉の発達についても同じ原則があるといえます。積み重ねには時間がかかり，発達にはかなりの個人差がみられます。

　運動機能の発達には，二つの大きな方向があります。一つは「頭部から尾部への方向」で，他の一つは「中心から末梢への方向」です。前者は主に姿勢や移動に関する**粗大運動**の発達，後者は主に四肢（手や脚）に関する**微細運動**の発達にみられます。

(2) 原始反射から随意運動へ

　新生児では大脳皮質という最高度の中枢は成熟していないため，主に本能をつかさどる部分（間脳や脳幹部）が行動を支配しています。そのため，外部からの刺激に対して生後1～2か月の間は自分で意図して行動するのではなく，反射的に応じます。これを**原始反射**とよびます（表2-1参照）。原始反射はそのほとんどが3～4か月の間に消滅し，それに代わって乳児は積極的・意図的に環境に適応し始めます。こうした反射が消失しない場合には，脳の発達に異常がある可能性があります。

表 2-1　原始反射（高橋ら，1993を改変）

乳を飲む行動	口唇探索反射	口元を軽くつつくと，さわった方向に頭を向ける
	吸啜反射	口の中に指を入れると吸う
抱きつく行動	モロー反射	仰向けに寝かせ，頭の支えを急にはずすと，両腕を広げ，誰かを抱きしめるかのように腕をもどす
物をつかむ行動	把握反射	手のひらに指を入れ，押すと，その指を握りしめる
歩く行動	歩行反射	わき下で身体を支え，床に立たせると，律動的なステップ運動が起こる
泳ぐ行動	泳ぎ反射	うつ向けて水につけると，腕と脚を使った泳ぐような運動が起こる

（3）粗大運動の発達

　主に姿勢や移動の発達に関係する粗大運動は，自立歩行ができるまで図2-6のように発達していきます。3か月ごろに首がすわると次には寝返りの練習を始め，7か月ごろにはひとりでおすわりができます。はいはいの移動が始まり，つかまり立ち，伝い歩きを経て1歳半ごろまでには大方の子どもは**自立歩行**ができるようになります。

　はいはいや歩行によって，自分で移動することができるようになり，子どもの世界は大きく広がります。その後，運動機能はさらに発達し，走る，跳ぶ（2歳），けんけん（3歳）などができるようになります。また3歳ごろから三輪車をこげるようになります。

事例　はいはいをしないで歩いた赤ちゃん
　Mちゃんは腹ばいが嫌いで，おすわりばかりしています。おもちゃに手を伸ばしても届かないとあきらめます。全くはいはいをしないので，移動は主にだっこです。そのうちMちゃんはお尻でいざることを覚え，移動はもっぱらいざりになりました。しかし，困ったことに，少しも立ち上がろうとしません。少々太り気味なのと移動に不自由がないためかもしれません。練習の末やっとつかまり立ちができました。ひとり歩きはちょっと遅く1歳半。みんなよりちょっと怖がりなところがありますが，その他の発達に遅れはありません。

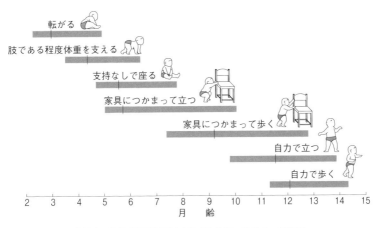

図 2-6　乳児の運動発達と個人差（村田，1986 を一部改変）

（4）微細運動の発達

　四肢（手や脚）の運動に関する発達は，中心から末梢へと向かいます。乳児は喜んだときに，手や足全体をばたばたさせます。5 か月ごろには目と手の協応ができるようになって，手を伸ばして物をつかみます。さらに 10 か月ごろには指でつまむことも可能になります（図 2-7）。これで身の回りの物に主体的にかかわる基本ができたといえます。この後，振る，押す，ひっぱる，まわす，たたく，投げる等いろいろな手指操作を身につけていきます。

3. 基本的生活習慣の自立

（1）生活リズムの確立

　子どもの脳と心の発達メカニズムを研究している成田（2004，2006）は，「早起き」「早寝」「きちんとご飯」「リズム運動」といった正しい生活リズムが子どもにとっていかに重要かを述べています。特に，生後の環境からの刺激が大切で，まず朝は明るい太陽の光を目から入れて，夜は「暗い」刺激を目から入れて脳を刺激すること，その他，いろいろな音（聴覚），匂い（嗅覚），味（味覚），スキンシップ（触覚）などの「五感」からの刺激を繰り返し与えることが

	2か月	4か月	6か月	8か月	10か月	12か月
つかみ方	把握反射	小指と掌の間に入れてつかむ。	親指以外の4本の指と掌の間に入れてつかむ。小さなものをつかむときは4本の指を揃えて、掻き寄せるようにする。	親指を人さし指のほうに動かせる（内転）ようになり、有効に働きはじめる。	指がひとつひとつ独立してきて、親指と人さし指でものをつまめるようになる。	親指と人さし指でつまんだとき、他の指が広がらなくなる。

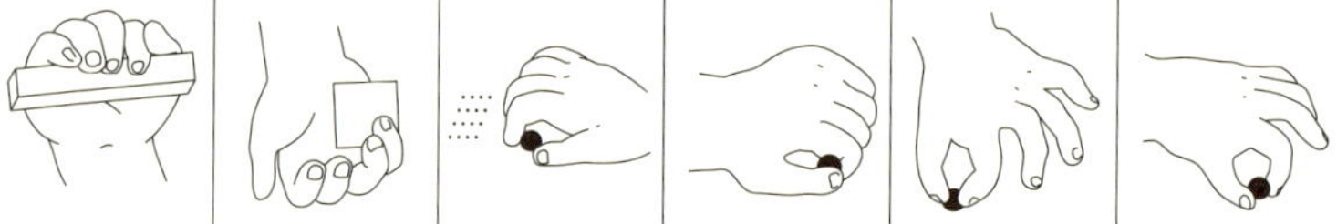

図2-7 微細運動：物のつかみ方の発達（三木, 1956を一部改変）

脳の神経細胞のつながりをつくっていくといいます。つまり、これは昔から行われてきた「普通の育児」なのですが、科学的視点からもその重要性が説明されたわけです。

(2) 基本的動作の獲得

　子どもは手指の微細運動の発達によって、食事・排泄・着脱衣・手洗い・歯磨き・うがい等の基本的生活習慣に必要な動作を徐々に身につけていきます（表2-2参照）。たとえば、食事行動についていえば、コップで飲める、スプーンやフォークが使える、こぼさずに食べる、箸が使えるという順にできていきます。箸ははじめ握り箸ですが、5歳ごろには上手に持てるようになります。ただ、いつまでもスプーン、フォークですませて箸を持つ機会がないと上達しません。着脱衣については脱ぐほうが先で、2歳前でも靴や靴下を脱ぐことはできますが、はく方は手指操作の上達と練習が必要になります。

　また、クレヨンで絵を描くのはクレヨンを口に入れなくなる1歳半以降ですが、次のように変化していきます（図2-8参照）。はじめは短い線や点などのなぐり描きだったのが、横や縦の線をひいたり、だんだん「ぐるぐる」と渦巻を描

表 2-2 基本的生活習慣の獲得（高橋ら，1993 を一部改変）

	食事	睡眠	排泄	着脱衣	清潔
6か月～1歳3か月	離乳食～幼児食へ移行させ，喜んで食べる。	生活リズムにそって，眠い時は安心して十分眠る。	徐々に便器での排泄になれる。		おむつの交換などにより，清潔の心地よさを知る。
1歳3か月～2歳未満	スプーン，フォークを使って1人で食べようとする気持ちを持つ。		便器での排泄になれる。	衣服の着脱に興味をもつ。	
2歳	こぼしたり，ひっくりかえしても自分で食事しようとする。嫌いな物も少しずつ食べる。食後うがいをする。	落ち着いた雰囲気で十分眠る。	自分から，また促されて便所に行く。見守られて自分で排泄する。	簡単な衣服は1人で脱げる。手伝ってもらいながら1人で着る。	手伝ってもらいながら顔を拭く，手を洗う，鼻を拭く。
3歳	こぼさずに1人で食べる。		失敗することはあっても，適宜1人で排尿，排便できる。	ほとんどの衣服を自分で着脱し，調節しようとする。	食事の前後，汚した時に，自分で洗い，拭くなどし清潔を保つ。自分用のハンカチ，タオルを使う。
4歳	食事の前には自分から手を洗い，食後は歯を磨く。	落ち着いた雰囲気で十分眠る。	排泄やその後始末は，ほとんど1人でできる。	言われると帽子を被る。順序よく衣服の着脱をする。衣服の調節をする。	鼻をかんだり，顔や手を洗い，体の清潔を保つ。
5歳	食事の仕方が身につき，楽しんで食べる。食後は進んで歯を磨く。	言われて休息，昼寝ができる。	排泄の後始末を上手にする。	ほとんど1人で衣服を着脱し，必要に応じて衣服を調節する。	うがい，手洗いの意味がわかる。体や身の回りを清潔にする。
6歳	食べ物と体の関係について関心を持って食事をする。	休息するわけがわかり，運動や食事の後は静かに休む。	便所を上手に使う。	衣服の着脱が1人ででき，衣服を適当に調節する。	清潔にしておくことが病気の予防と関連することがわかる。体，衣服，持ちものなどを清潔にする仕方を身につける。

①点や短い線　②水平（横線）　③垂直（縦線）　④電光形・波形　⑤らせん形・渦巻き形　⑥形が独立しはじめる

つぶやきながら描く

図2-8　クレヨン描画（なぐりがきの変化）（東山・東山，1999）

いたりするようになります。ひとりごとを言いながらいろいろな色のクレヨンで楽しんで描くようになります。3歳ごろには円や十字が書けるようになり，顔らしきものを描きます。実は形を描くのは案外難しく，四角形は4歳，三角形は5歳，ひし形は6歳ごろになってやっと書けます。また3歳ごろには，はさみを使ったり折り紙の二つ折りもできるようになり，製作のレパートリーが増えてきます。粘土を手でちぎることはできても，丸めるのは3歳以降です。

（3）運動機能の発達と環境づくり

　子どもの活動は基本的動作ができるとさらにこれに様々な動きが組み合わされて，一段と高度な運動や活動へと発展していきます。これには成熟と練習と動機づけがうまくかみあうことが必要になってきます。ゲゼルの階段上りの双生児実験（第2章第1節参照）の結果が示すように，早ければ良いというわけではなく，適切な練習開始時期と適切な練習が重要になります。また，動機づけのための環境づくりも大切です。

■ 考えてみよう

1. 最近子どもが歩かなくなったといわれますが，幼児の移動の手段として「歩く」以外に何があるでしょうか？　いくつかあげてみましょう。
2. その移動の手段の中で，子どもが自分で「ありの行列」を見つけられるのはどれでしょうか？

見ること・考えることの発達

1. 見ることから考えることへ

　今あなたは，なぜこの本を読んでいるのでしょうか？　なぜ今「保育の心理学」を学んでいるのでしょう？　それは，かつて赤ちゃんだったあなたが現在までに何を見て何を考えてきたかによっているのです。あなたが何を好んで見る赤ちゃんだったかについて，あなた自身はもちろん，あなたを育ててくださった人もおそらくもう覚えてはいないでしょう。ここにいる現在のあなたの考え方は，過去のあなたが見たもの，考えたことの積み重ねによってできあがったことは確かですが，どのような道筋を通ってきたのでしょうか？　ここでは，この道筋を考えてみます。

　生まれたばかりの赤ちゃんが眩しそうに眼を開けて何かを初めて見てから，やがて，いろいろなことを考えて行動するようになるまで，乳幼児の見ること・考えることは，多くの研究によって明らかになってきています。生まれて間もない赤ちゃんでも，自分の母親の声によく反応すること（DeCasper & Fifer, 1980）や，自分の母親の羊水の匂いがする方に頭を向けること（Porter & Winberg, 1999）が明らかになっています。このように聴覚と嗅覚については，胎児期にすでにかなり発達していると考えられています。視覚について，かつては生まれてすぐの赤ちゃんには何も見えていないといわれていました。しかし現在では，ぼんやりとした世界であるとしても明暗はとらえており，出生後に急速な発達をとげて，少なくとも生後6か月くらいまでには，大人に近いレベルに達するといわれています。

　ファンツ（Fantz, 1961）は，生後2～3か月児と生後3か月以降の赤ちゃん

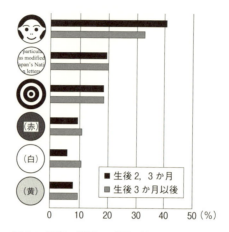

図 2-9　乳児の凝視した時間の割合（Fantz, 1961）

に，図 2-9 のような 6 種類の図版を 2 つずつ対にして見せ（**選好注視法**）[1]，それぞれの図版を見ている時間を測りました。その結果から，単純な図版よりも複雑な模様のある図版，なかでも人の顔のように見える図版を好んで見ることを明らかにしました。

赤ちゃんのまなざしの研究をしている下條（2006）は，赤ちゃんには生まれつきいろいろなものが見えているという意見と，生後数か月が過ぎないと，経験を通じていろいろなことを学べないという意見は，両方とも正しいと述べています。情報を検出する力は早くから備わっているが，それを実生活に役立つ本当の情報として解釈し，利用できるようになるには経験が必要だというわけです。

ここで注意しなければならないのは，赤ちゃんに見えていることや赤ちゃんが見分けていることは，どんどん増えていくわけではないということです。9か月くらいから赤ちゃんは，自分が生活していくうえで必要なものは見るし見分けるけれども，必要でないものは見ないし見分けないようになっていきます（Pascalis et al., 2002）。目に入ったものすべてを真剣に見ていたら，それだけ

---

[1] 赤ちゃんの目の前に 2 つのものを並べて提示し，赤ちゃんがその 2 つのうち 1 つを長く見ているならば，赤ちゃんはその 2 つのものを区別して一方だけを選択的に好んで見ると考えられます。このような赤ちゃんの視線の動きに着目した方法を選好注視法とよびます。

で疲れてしまうので選んで見るようになるからでしょう。

　また，赤ちゃんの知覚には，**新生児共感覚**（超感覚知覚）と呼ばれる特徴もあります。見たり聞いたり触ったりしたものを矛盾なく結び合わせる赤ちゃんの能力のことです。たとえばメルツォフら（Meltzoff et al., 1979）は，数人の赤ちゃんたちに暗い部屋でイボイボのついた突起のあるおしゃぶりと突起のない丸いなめらかなおしゃぶりのどちらかをしゃぶらせた後，明るい部屋で，イボイボのおしゃぶりとなめらかなおしゃぶりを見せました。すると，生後1か月の赤ちゃんでも，最初に自分たちがしゃぶったおしゃぶりのほうを長く見つめることがわかりました。このことから，赤ちゃんは生後すぐから外の世界を知覚することができるように，視覚も聴覚も触覚もその他の感覚も初期の感覚すべてを統合して処理する枠組みを持って生まれ，発達につれてそれぞれの感覚ごとに処理する枠組みが分化していくのではないかと考えられるようになっています（遠藤ら，2011）。

　生後5か月と7か月の赤ちゃんを対象に，赤ちゃんに自分の足の動きが映っている映像を見せた開（Hiraki, 2006）の研究も赤ちゃんの見ることから始まる考える力について教えてくれます。開は，リアルタイムで自分の足の動きが映っている映像と，2秒ほど遅れた自分の足の動きが映っている映像を2つ並べて赤ちゃんに見せたところ，5か月児では両方の映像に対する注視時間の差はみられなかったが，7か月児では，2秒間遅れた自分の足の動きの映像を明らかに長く見ていたと報告しています。7か月児は，自分が動かしている足とは違う動きをする映像を見て，何が起きているのだろうと注意を向けたと考えられるのです。

2. 乳児の知的発達

　この世界に生まれ出た赤ちゃんが，どのようにして周りの様子を知っていくのかについては，20世紀を代表する発達心理学者であるピアジェ（Piaget, J.）の考え方に従ってみていきましょう。ピアジェは，自分の3人の子どもの発達を非常に丁寧に観察することによって，乳児の知的発達を説明しています。

　ピアジェ（1936）は，出生から1歳半または2歳くらいまでの時期を**感覚運**

動的知能の段階とよびました。赤ちゃんが体を動かして，動かすことによって生じた周りの変化を感じて，この世界の様子を知っていく時期と考えられます。ピアジェは感覚運動的知能の段階をさらに6つに分けて詳しく説明しています。

(1) 第1段階：原始反射の行使（およその月齢は，誕生〜1か月）

新生児に生まれつき備わっている**口唇探索反射**，**吸啜反射**，**把握反射**などによって，おっぱいを飲んだり何かをつかんだりして周りの世界とかかわり始めます。

(2) 第2段階：第1次循環反応（1か月〜4か月）

反射によって吸ったりつかんだりすることを繰り返すうちに，それらの動作が偶然，乳児の感覚と結びつくことが起きます。たとえば，乳児が自分の手を開いたり閉じたりしている動作を偶然，自分の目で見たとします。するとその乳児は，手を見ることを繰り返すようになります。これは**ハンドリガード**とよばれ，生後3か月ごろからみられます。また，口を動かしていたら音が出て，興味をひく音が聞こえたので，もう一度口を動かしてその音を出してみることもあるかもしれません。ある動作を意図的に繰り返すことを循環反応とよびますが，第1次循環反応とは，乳児による自分の身体に限った感覚運動の繰り返しを指します。

(3) 第3段階：第2次循環反応（4か月〜8か月）

偶然口に入った指を吸って，吸うこと自体で満足していた第2段階から，第3段階の乳児は，自分の動作の結果として引き起こされた外界の変化に関心を持つようになります。興味ある外界の様子を持続させるために，同じ動作を繰り返します。しかしこの段階ではまだ，ある変化を起こそうと思って動作を行うわけではありません。たまたま手を振ったところにガラガラがあって音が鳴ると，繰り返し手を振ってガラガラを鳴らそうとするようなことをします。目で見た「もの」に届くように手を伸ばす，見た「もの」をつかむような，**目と手の協応**が可能になった乳児にできることです。手段と目的との間の関係に気

づき始めたともいえます。第1次循環反応と第2次循環反応の大きな違いは，乳児と外界のいろいろな「もの」とのかかわりが入ってくることです。

(4) 第4段階：第2次循環反応の協応（8か月〜12か月）

　乳児に赤ちゃん芸を教えるとできるようになる，周りの大人たちにも面白くなってくる時期です。この段階の乳児が遊んでいるおもちゃの上にハンカチくらいの大きさの布をかぶせてみると，乳児はすぐにその布を払いのけて，下にあるおもちゃを取り出します。この段階に入る前の乳児は，遊んでいたおもちゃが布で隠されると，なくなってしまったかのようにキョトンとしてしまうのです。この段階に入って初めて，「もの」は自分に見えていても見えていなくても，「もの」として存在することを理解するのです。この視覚や触覚で感知できなくても，どこかに存在しているとわかることを**対象の永続性**を理解しているといいます。また，前もってこうしたいと思った動作をすることが可能になります。つまり，乳児の動作に意図が読み取れるのです。手段と目的が協応して，ひとつの手段を多くの目的のために，多くの手段をひとつの目的のために使えるようになったのです。

(5) 第5段階：第3次循環反応（12か月〜18か月）

　自分なりの意図を持って動くことが可能になった乳児は，この段階に入ると，目標達成のために様々な手段を試してみるようになります。たとえば，机の上から「もの」を払い落として喜びますが，その落とし方をいろいろ変化させてみて，最も効果的であった落とし方を選ぶことができるようになるのです。いろいろやってみてみつけた手段を他のことにも使えるようになります。手の届かないところにあるおもちゃを引き寄せようとするとき，以前に棒を使って突いたり押したりたたいたり引いたりしていて，たまたま棒を手前に引いたら欲しいものが手の届くところにきたので，今回も棒を使おうというわけです。

(6) 第6段階：心的表象の発現（18か月〜24か月）

　第6段階になると頭の中にイメージを浮かべる力が発達してきて，実際に試行錯誤をしなくても，頭の中である程度，ああすればこうなる，こうすればあ

あなると考えてみることができるようになります。実際に動作を行わなくても頭の中で予想して試してみることができるのです。こちらのおもちゃは，たたけば音が出るし，あれは引っぱれば動きだすとわかるようになるのです。また，くすぐり遊びなどをやっていると，くすぐる前からくすぐられることを予想して楽しそうに身がまえるのです。

こうして，頭の中に浮かべたイメージやことばをまだ上手に使えない，実際的で実用的な知能である感覚運動的知能は最終段階に入ります。そして，次なる**表象的知能**の段階へと移っていくのです。

3. 子どもの考え方の特徴

2歳を超えた子どもの知的発達についても，ピアジェの考え方に基づいて説明していきましょう。ピアジェは，実際に「もの」を動かさなくても，頭の中で思い描いて「もの」を動かしてみることができるようになった子どもを表象的思考が始まったととらえます。ピアジェによると，表象的知能の段階は**前操作期**と**操作期**の2つの時期に分かれます。さらに，前操作期は**前概念的思考**の段階と**直観的思考**の段階に，そして操作期は**具体的操作**の段階と**形式的操作**の段階とに区分されます。

(1) 前概念的思考の段階（2歳ごろ～4歳ごろ）

子どもは，感覚運動的知能の第6段階ころから，現在目の前にないけれども過去に経験したことを再現できるようになります。このように見聞きしたことをその直後に真似るのではなく，しばらく時間が経ってから，その場に存在していないのに真似することを**延滞模倣**とよびます。延滞模倣ができるということは動作の真似ではありますが，現在その場にあることから離れて，頭の中に思い描いた場面を再現することができるようになったということです。この意味では，この段階の子どもは表象的記憶ができるようになったともいえます。したがって，このころの子どもには，積み木を電車に見立てたり，自分をお母さんに見立てたりする**見立て遊び**や**ごっこ遊び**が盛んにみられます。

このように子どものイメージの世界は大きく広がりますが，カテゴリーに関

すること，たとえばアリもハエもカマキリも虫という仲間に属するといったことは，まだ理解できません。その意味で，この段階の子どもは前概念的であるといわれます。

(2) 直観的思考の段階（4歳ごろ～7, 8歳ごろ）

「もの」が同じか違うかに気づき始めて，「もの」を分類したり関連づけたりできるようになってきますが，その分類や関係づけのやり方は，あくまでそのときそのときの自分からの見え方によって左右されます。ピアジェが名づけた，子どもの視点が他の人の視点と区別されていない，**自己中心性**という特徴から，自分にどのように見えているかが優先されます。たとえば自分と向き合っている人にテーブル上のお皿とお茶碗がどのような位置関係で見えているかは理解できません。また，子どもの自己中心性に基づく考え方のひとつである**アニミズム的思考**から，石や机，風や水などにも人間と同じように生命があり，人間と同じように感じたり考えたりすると信じる傾向があります。「風が怒っている」と表現するような**相貌的知覚**が生じるのも，このころです。

また，この段階の子どもは，見かけが変わると重さや数も変わってしまうと答えます。周りの世界を見て，そのときに目立ったところに注目して，そこだけ見る傾向があります。たとえば，粘土のボールを粘土板の上で平たく押しつぶすと，「おせんべいになったから軽くなった」と答えてしまいます。このように見た目に左右される判断（**知覚的判断**）をする時期を，まだ**保存**が獲得されていない段階とよびます。

(3) 具体的操作の段階（7, 8歳ごろ～11, 12歳ごろ）

この段階の子どもは，前の段階のように自分からの見え方に惑わされることなく，自分の頭の中で筋道を立てて「もの」を分類したり関連づけたりできるようになります。論理的操作による情報処理が可能となったのです。

しかし，論理的操作ができるといっても，この段階では具体的に経験したり理解したりして，具体的に確かめられることに限られています。たとえば，振子の振動数を決める要因は何かを実験的に発見させようとしても，振子のひもの長さやおもりの重さ，手をはなす高さなどを変化させることはできますが，

表 2-3 直観的思考段階と具体的操作段階での子どもの思考の特徴（内田ら，1991を一部改変）

	ピアジェの課題	直観的思考段階	具体的操作段階
液量の保存		子どもはA，Bの容器に等量の液体が入っていることを認める。それからBをCに移しかえると液面の高さに惑わされCのほうを「たくさん」と答えたり，容器の太さに惑わされCのほうが「少しになった」と答える。	子どもはA，Bの容器に等量の液体が入っていることを認める。それからBをCに移しかえると，液面の高さは変わるが，CにはAと等しい液体が入っていることを理解する。
物理量と重さの保存		子どもはA，Bの粘土のボールが等しい量で，同じ重さであることをまず認める。それからBをつぶしてCのソーセージ型にすると，大きさの違いや長さの違いに着目して，量は変化し，重さも変わると答える。	子どもはA，Bの粘土ボールが等しい量で，同じ重さであることをまず認める。それからBをつぶしてCのようにしても，それはBのときと等しい量でしかも同じ重さであることを理解する。
長さの保存		子どもは個数の異なった積木を使って，Aと同じ高さの塔を作ることができない。	子どもは個数の異なった積木を使って，Aと同じ高さの塔を作ることができる。
客観的空間の保存		子どもはテーブルの上の山がもう1人の子どもにどのように見えるか表象できない。自分に家が見えていると，もう1人の子どもも見えていると思っている。	子どもはテーブルの上の山がもう1人の子どもにどのように見えるか表象できる。すなわち，自分に見えている家が相手の子どもには見えないことが理解できる。

一度に2つ以上の変化を加えてしまうため，振動数を決定する要因を特定することができません。

（4）形式的操作の段階（11，12歳ごろ～）

　起こりうるあらゆる可能性をリストアップして，そのすべての組み合わせを考えることができるのが，ピアジェによる表象的知能の完成である，形式的操作の段階です。目の前にあるものは，ありうるもの全体の中の一部にすぎないことを理解し，論理的に正しければ現実にはありえない結論をも受け入れることができるようになったのです。

ピアジェは，乳児の実際に目の前にある「もの」を動かす感覚運動的動作が，やがて頭の中で思い浮かべながら「もの」を動かすことに内面化され，そして次第に複雑な動作が内面化され組織化されていくことが「考える」ということであると説明しています。

■ 考えてみよう
あなたが体重計に片足でのったり，しゃがんでのったりすると体重が変化すると考えていたのは，何歳ごろまでだったでしょう。

コラム3　1 + 1 = 1 or 2?

　生後4～5か月の乳児に1 + 1や2 − 1が理解できるでしょうか？　アメリカのカレン・ウィンという心理学者は，生後4か月から5か月の乳児に図のような期待違反法による実験を行いました。そして，乳児が図の⑥′の方をつねに長く注視したことから，乳児は1 + 1 = 2や2 − 1 = 1を知っていると報告しました。この実験結果は，赤ちゃんと触れ合ったことのある人なら誰でも納得できるものだったのです。それまでは，ピアジェによって数の保存と呼ばれた課題に正答するのは7歳ころと言われていましたが，乳児でも簡単な足し算や引き算ならできることが証明されたことになります。

　①実験者の手が人形劇用舞台上にミッキーマウスを1つ置いて，引っ込む。②スクリーンが立ち上がる。③もう1つのミッキーマウスを持った実験者の手が再び現れ，スクリーンの後ろに入る。④実験者の手は何も持たずに引っ込む。⑤スクリーンが下がる。⑥〈期待通り〉ミッキーマウスが2つある。⑥′〈期待に反して〉ミッキーマウスが1つある。

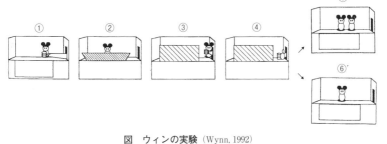

図　ウィンの実験（Wynn, 1992）

4 情緒の発達と自己の形成

1. 情緒の発達

　情緒とは，うれしい，悲しい，怒りなどの感情の側面だけでなく，表情や行動などの表出の側面，さらに体内の生理的変化の側面も含めたものをいいます。

（1）乳児期の情緒の発達
　乳児はどんな情緒を持っているのでしょうか。ブリッジズやその後の研究者によれば，新生児では「快」・「不快」・「興味」の3つですが，生後6, 7か月にはそれが分化して基本的な情緒，つまり喜び・悲しみ・怒り・恐れ・驚きがみられるといわれています（Bridges, 1932）。ではこれらはどのようにして発達してきたのでしょうか。
　まず「快」の情緒は主に微笑する・笑う・手足をばたばたさせるなどの行動

写真2-1　8か月児

で表現されます。微笑は，新生児期にはうとうとまどろんでいるときに**生理的微笑**として現れます。見ている人は「あ，わらった！」と言いますが，これは本人の意図とは関係のない生理的運動です。しかし，それをきっかけに大人の積極的なかかわりを引き出し，「あやすと笑う」という**社会的微笑**が出現します。4か月になると声をたてて笑うこともみられるようになります。

　一方，「不快」の情緒は主に「泣くこと」で表現されます。4か月を過ぎると怒りが分化して出てきますが，これは何かをつかもうとしたり，動いたりしたところを制止されたときなどにみられます。また，悲しい気持ちは，愛着の形成と関係があり，大好きな母親が視界から消えたときなどにみられます。恐れは，6, 7か月ごろからみられ，見知らぬ人や物や場所などで不安になることと関係があります。これは物事が少しわかってくるからこそみられる感情です。このように，不快な情緒にはいろいろな原因がありますが，保育者は泣きやぐずりから乳児の不快な感情を読み取り，なだめようと努力します。原因がよくわからないときもありますが，やさしく揺らしたり，背中をなでたり，子守歌を歌ったりしながら落ち着かせようとします。このようなやりとりが多い場合と，放っておかれることが多い場合では子どもの行動が違ってくることがあります。

　もうひとつの「興味」の情緒は，関心のあるものをじっと見る，驚くなどの行動にみられます。これは，物事や言葉の理解・模放などの認知的な発達とも関係があります。

　それでは乳児も人の表情を読み取ることができるのでしょうか。他者の表情を見て自分の行動をコントロールすることを**社会的参照**といいます。社会的参照について調べるために，**視覚的断崖**を用いた実験が行われました（Sorce et al., 1985）。これは，12か月の赤ちゃんに水平に置かれた透明な厚いガラス板の上をハイハイして母親のところまで行ってもらおうという実験です。図2-10のように，赤ちゃんがはうガラス板の下には格子模様が見えるのですが，赤ちゃんのスタート地点では模様はガラス板のすぐ下に，母親のいるゴール地点ではガラス板からかなり下に見えます。浅い側をはっていった赤ちゃんは，深い側との境い目までくると，はうのを止めて困ってしまいました。赤ちゃんは**奥行を知覚する**ことができて，このまま進むと落っこちてしまわないかと心配し

図2-10 視覚的断崖の実験 (繁多, 2010)

左図の左側は透明ガラス越しに床の模様が見えるようになっており，断崖越しに母親がいろいろな表情を乳児に向ける。

(A) 恐怖の表情：
母親の方へ這っていく乳児はいなかった。

(B) 喜びの表情：
約74%の乳児が母親の方へ這っていった。

ているのです。ここで赤ちゃんは母親の表情を見たのですが，母親が恐怖の表情をしていると赤ちゃんはそれ以上進みませんでした。しかし，母親がにこにこしていると約74%の赤ちゃんが母親のいる方へはっていきました。赤ちゃんは，母親の表情を理解して，それを手がかりにして自分の行動を決めたことがわかります。このように，非言語的コミュニケーションの繰り返しにより，乳児も人の表情や意味を理解するようになっていきます。

(2) 幼児期の情緒の発達

　乳児期から幼児期に移行する1歳半ごろになると，情緒の面でも大きな変化がみられます。まず話しかけると母親の後ろに隠れたり，ほめられると恥ずかしそうにする，「照れ」がでてきます。また母親が他の赤ちゃんを抱いたりすると「嫉妬」したりもします。さらに願望が叶わなかったときにうつ伏して泣くというような「すねる」行動もみられます。

　さらに2歳ごろになると，ほめられると「得意」になったり，いけないことをしたときに「これはしまった，どうしよう」と罪悪感のようなものもみられるようになります。さらに，2歳から3歳にかけては「大きくなった」「おにいちゃんになった」などと「誇らしく思う」「プライドを持つ」といった感情もよくみられるようになります。それと対照的に「恥ずかしい」という気持ちもめばえます。

> **事例　喜怒哀楽豊かな子ども**
> 　1歳半のBちゃん。「Bちゃん，はい！　はい！　はい！」とはやしたてると，Bちゃんは喜んで「きゃあー」といって立ち上がってのりのりになりました。ボールペンを口に入れようとしたので，「めっ！　Bちゃん，めっ！」というと，ぷいっとそっぽを向いてしまいました。

> **事例　うそ泣き**
> 　2歳の子ども。「わーんわーん」「やだやだ」と泣きながら駄々をこねていました。ただ涙は出ていなくて，声だけ「わーんわーん」と泣いているようで，犬が通りかかると一瞬泣きやみ，また思い出したように泣き始めました。

2. 自己の形成

(1) 自他の分化

　生後3か月ごろになると，乳児は自分の手を不思議そうに眺めています。そして両手が触れ合うと組み合わせてしばらく遊んでいます。また寝転がって自分の足を持ってなめたりもします。乳児はこのように自分の身体に触れて，感じて，自分の身体は自分のものであることに気づいていきます。

　一方，あやしてくれていた大人が見えなくなると，ぐずり泣きをして呼びます。泣いてもなかなか来てくれないときもあり，悲しくなったり怒ったりします。移動ができるようになると，母親の姿を追って移動します（後追い）。このように母親は自分とは違う存在だということにだんだん気づいて，次第に自他の区別を意識するようになります。

　1歳半ごろになると，子どもは自分の名前がわかります。自分の持ち物もわかってきます。保育園でも自分のかばんなどがわかり，他児が持っていたりすると怒って取り返しに行ったりします。2歳ごろには「○○ちゃんの！」と主張します。

　自他がハッキリ区別されて，自己意識が高まってくることは，鏡に映った自分に対する反応にも現れます。鏡に映った自分に対する反応は，乳児期にはまだ誰か他の子どもだと思っていますが，1歳ごろには実物ではないと気づき始

写真 2-2 7か月児

めます。1歳半ごろからだんだん自分だとわかり始め，2歳には自分が映っているとわかってポーズをとったりします。

(2) 自我の芽生えと自己意識の発達

　自立歩行ができて自由にあちこち行けるようになると，好奇心いっぱいの子どもは自分の力でやってみたくなります。それはすでに1歳半ばごろから，母親の顔をちらちら見ながらわざといけないことをする行動にみられます。2歳ころになると母親という**安全基地**から少しずつ遠くまで足をのばし自由にふるまうようになりますが，そうすると安全上また社会のルール上，大人から制止されることがあります。そこで子どもは，駄々をこねたり，「いや」「だめ」と拒否したり，「じぶんで」という自己主張をします。これは，「**第1反抗期**」とよばれたりしますが，「**自我の芽生え**」という精神発達上意義のある時期なのです。自分という存在を主張し，自分の力を試し，できないとかんしゃくを起こしながらも自立への道を模索しているのです。それに対して大人は，子どもの自立心をそこなわないような対応が求められます。

　このころは**基本的生活習慣**を身につける時期であるために，きちんとしつけようとして叱ってばかりになりがちです。しかし，「生命にかかわること」「他人を傷つけること」などを除いては，「〜したいのね」と子どもの思いをことばにして受け止めてあげたり，子どもに「どっちにする？」と選ばせてあげたり，可能な範囲で自分でやらせてみたりする大人の気持ちの余裕が必要です。次第に，何でもやっていいわけではないことに気がついて，反抗期のトンネルを抜けると一皮むけて成長した姿がみられます。

事例 「自分ではきたいのよねー」
2歳6か月の女児。まだ着替えが上手にできないので，お昼寝前に着替えを手伝っていました。パジャマの上を着るところまではにこにこしていたのに，ズボンをはかせようとしたら，突然「いやだ！」と抵抗し始めました。さらに床に寝てわめきだしました。「自分ではきたいのよねー」と担任からフォローがあり，ズボンを渡してみました。すると，同じ方向に足を入れたり，前後を間違えたりしながらも自分ではきました。はき終えると満足してにこにこしていました。

（3）自己制御

3歳ごろになると一段と自己主張が強くなり，友達同士の間でもぶつかることが多くなってきます。

自分の欲求や意志を表現・主張し行動していく**自己主張**と，自分の欲求や行動を抑制する**自己抑制**の2つを上手にバランスをとっていくことを**自己制御**といいます。柏木（1988）によると，この2つの次元の3歳〜6歳の発達は図2-11のようになります。つまり，自己主張は3，4歳で著しく上昇しますがその後横ばい状態になります。これは「しつけ」がされるようになるからと考え

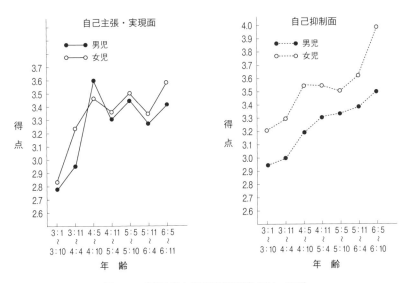

図2-11　自己主張と自己抑制の発達（柏木，1988）

られます。一方，自己抑制の方は性差がありますが，3歳～6歳まで年齢とともに上昇しています。「我慢する」「待つ」ことが「いい子ね」と評価されることと関係があるといわれており，養育態度や文化的な差がみられるようです。

> **事例　タオルはもういらない**
> 　寝るときにいつも愛用のタオルが手放せないO君。3歳の誕生日に「もう3歳だからタオルを箱にしまおうか？」と提案をすると，少し考えて「3歳になったから，タオルはもういらない」といって自分で箱にしまいました。それ以降1回もタオルのことは口にしません。

> **事例　「じぶんでやる！」**
> 　3歳くらいの男児。ドリンクバーでコップを持って，一生懸命背伸びしてジュースを入れようとしていましたが届きません。見かねて「ジュース入れてあげようか？」と声をかけると，「じぶんでやる！」と断られました。

> **事例　「ぼくえらいでしょ？」**
> 　5歳と4歳くらいの兄弟。デザートの上にのっているチェリーをどっちが食べるかでもめて口げんかになりました。兄が弟にゆずりました。兄は母親に「ぼくえらいでしょ？」と何度も言っていました。母親が「さすがお兄ちゃんだね」というととても喜んでいました。

　自己制御という観点から近年問題になっているのが，「キレる」行動です。欲求不満に耐える力を**欲求不満耐性**といいます。ことばで要求を伝えられない年齢の子どもは時にかんしゃくを起こしたり，物を投げたりすることがあります。しかしたいていは3歳ごろになり，ことばが発達するにつれてかんしゃくは減ってきます。「お口で言ってね」という保育者の度重なる声かけによりことばで表現することが多くなっていきます。しかし，過保護に何でも手伝ってあげたり，言いなりに物を買い与えたり，我慢しないでよい環境に子どもを置いておくと，欲求不満耐性は育たず，気に入らないことがあるとすぐに暴力によって解決しようとしたり，すぐにあきらめたりするようになります。幼児期にできるだけ遊びやけんかを通して我慢すること，自分をコントロールすることを学んでいくことが大切です。そのためには大人もじっと見守り，時に適切

な声かけをしていくことが求められます。

(4) 達成動機

達成感は「できた」という喜びであり，子どもに満足感を与えます。また，**達成動機**とは成功を求める傾向，困難を乗り越えて成し遂げようとする気持ち，欲求を意味します。

乳児期の子どもも，おすわりの体勢から手を伸ばしてほしいおもちゃをつかんだときには満足げな表情をみせます。また幼児は，自ら手をたたいてできたことをほめる仕草をします。程度に個人差はありますが，新しいこと，少し難しいことにチャレンジして成功したいという願望は，どの子どもも共通です。特に，5～6歳児になると，上達が自分でわかり自己評価ができるようになるので，本当の意味での達成動機が生じてきます。

達成動機の発達は，幼児期にどのくらい新しいことにチャレンジしたかによって決まるといわれます。また，励まし温かく見守ってくれる存在があることで，子どもは自信を持って新しいことにチャレンジするようになるといわれています。自分はだめだとあきらめない，無力感に陥らない子どもを育てるためには幼児期の環境が重要なのです。

(5) 自尊感情

自分の能力以上のことにチャレンジして，「できない！」とかんしゃくを起こすのは，「できるはずだ」という**理想の自己**と「できない」という**現実の自己**のギャップにどう対処していいかわからないからです。横で見ていて，「手伝ってあげようか？」というとさらに機嫌が悪くなって，困ることもあります。しかし，このとき，「がんばって。きっとできるよ」と励ますのと，「だめねえ。○○君みたいにすればよかったのに」と否定的なコメントをするのでは，**自尊感情**に与える影響には大きな違いがあります。もう一度頑張ってみようという気持ちになり，自力でやり遂げたときには自尊感情は高くなり，自分はできるという**自己有能感**が高まります。一方，否定的な言葉により自尊感情を傷つけられ，「自分はだめだ」「できない」と**自己不信感**を持ってしまうと，この後も挑戦しようとしなくなります。このように，自分を肯定的にとらえるか，否定

的にとらえるかはこれ以降の行動に大きく影響します。

3. 自己意識の確立へ

　幼児期から児童期へ，人とのかかわりの中で他者理解と自己理解は相まって発達し内面の世界はますます豊かになっていきます。エリクソン（Erikson, E. H.）の発達理論では，児童期は「勤勉性対劣等感」という心理的危機を迎えます（第5章第1節参照）。今後学校や仲間集団の中で自己を確立させていく歩みはさらに続きます。

■ 考えてみよう

1. 「お片づけをしましょう」というと「いや」という子どもに，どのように言えばお片づけをする気持ちになるでしょうか。1〜2歳児，3〜4歳児，5〜6歳児と年齢を変えて具体的に考えてみましょう。
☞ 解答は169ページ
2. 「走らないで！」「おもちゃを投げちゃだめ」などの否定的な言い方を，肯定形で言い換えてみましょう（リフレーミング）。

これとこれをこうやって…　「ぼく　今　研究中なの。」
1歳1か月児

コラム4　秩序の敏感期

　イタリアの女医であり，幼児教育家のマリア・モンテッソーリ（Montessori, M., 1870〜1952）は，ある年齢になるとどの子どもも決まってやりたがる活動があるのを見て，生物学の「敏感期」という概念をとりいれました。**敏感期**とは，幼少期に感受性が特別に敏感になる短い期間で，強烈なエネルギーで何かに夢中になります。「歩行の敏感期」「ことばの敏感期」などがありますが，ユニークなのが「秩序の敏感期」です。

　1〜3歳ごろの子どもには「それはパパのだからママは使っちゃだめ」とか「そっちの道じゃない」などと，場所や順序や所有物に頑固にこだわる時期がみられます。これが「秩序の敏感期」です。これは，わがままで困った行動ではなく，この時期の子どもは自分を取り巻く事物の間の「関係」を知り，環境全体を一つにまとめようとしているのだといいます。つまり，自然が「秩序感」というコンパス（羅針盤）をこの時期の子どもに与えているというわけです。だから，いつも通りじゃないと機嫌が悪くなったり，決めた通りにしないと怒ってかんしゃくを起こしたりという行動をするというわけです。

　モンテッソーリによればこの「秩序の敏感期」は3歳を過ぎると次第に薄れていき，次の3歳〜6歳は「感覚の敏感期」に入るといいます。これは，非常に敏感になる五感を使って，3歳までに吸収した膨大な印象を整理し洗練する時期だといわれています。

# ことばの発達

1. ことばの準備期

(1) ことばを聞く力

　子どもは胎内にいるときからお母さんの声を聞いています。さらにことばのリズムも聞いています。生まれてきた赤ちゃんは，胎内で馴染んできた声とことばのリズムに耳を傾けています。実はエイマスら（Eimas et al., 1971）によれば，乳児はpとbのような微妙な音素も聞きわける能力を持っていることがわかりました。しかし，生後半年を過ぎるころから次第に本当に必要な言語のみを聞き分けるようになっていきます。そして，周りの大人たちのことばをどんどん理解するようになってくるのです。「いけません」と叱られるとわかったり，自分の名前に反応したりします。

　日本では，赤ちゃんに話しかけるときに，「くつ」のことを「クック」，「くるま」のことを「ブーブー」，「いぬ」のことを「ワンワン」という**幼児語**を使うことが多いのですが，それはなぜでしょうか？　最初のことばをつまらせたり，伸ばしたり，「ん」をつけたりして強調することによって，赤ちゃんが聞きとりやすくなるからです。

(2) 発声の準備

　産声から始まった音声の表出は，生後1か月もすると，機嫌のよいときにはのどをならすようなおだやかな声（クーイング）を出すようになります。その後，**喃語**とよばれる声遊びの時期がありますが，喃語には世界中のあらゆる言語の音声が含まれているといわれています。そして初めは「アーアー」だった

のが，1歳の誕生日が近づくころにはだんだん「ダアダアダア」「バアバアバア」という「子音＋母音」の繰り返しに変化していきます。こうなれば**初語**ももうすぐです。

（3）ことば以前のコミュニケーション

初めてのことばがでてくるのは，だいたい1歳ごろですが，それまで乳児はどのようにコミュニケーションをとっているのでしょうか？「目は口ほどにものを言い」といいますが，乳児もすでに周囲の大人とたくさんコミュニケーションをとっています。やりとりの原型はすでに，授乳時にみられるといいます（正高，1993）。母親は母乳やミルクを飲ませるとき休み飲みをする乳児に話しかけたり，ゆすったりしながら飲むように促します。乳児はそれがうれしいかのように飲んでは休み，また促されて飲むというやりとりをします。これは次にあやすと笑うというやりとりにつながっていきます。視線を合わせる，スキンシップをする，声をかけるという3つの感覚を通して行われる経験は，母子相互作用の最も基本的なやりとりであり，愛着形成の基盤となります。

このような〈人－人〉の関係や，乳児が物をつかんだり振ったりするような〈人－物〉の関係を**二項関係**といいます。この後次第に，乳児は他者が顔や視線を向けているものに目をやったり，「ほら，ワンワンよ」と指さすと指さした方向を見るようになります（図2-12）。このような他者との注意の共有を**共同注意**といい，これにより〈人－モノ－人〉の**三項関係**が成立します。

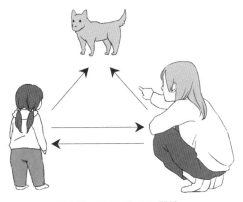

図2-12　共同注意・三項関係

手をたたくなど模倣ができるようになる8か月以降，日常よく使う物の用途や言葉の理解が目に見えてすすみます。たとえばブラシを見ると頭に当てたり，「ちょうだい」と手を出すと持っている物を渡してくれるようになります。物を落として「アーア」と言ったり，「アッ，アッ」とものいいたげに指さして教えるようになれば，初語はもうすぐです。

2. 話しことばの発達

(1) 単語から文へ

子どもが1歳を迎えるころ，初めての意味のあることば（初語）を話します。「まんま」「おっぱい」「ママ」「パパ」「ワンワン」「はーい」など，食べ物や身近な人が多いようですが，**一語発話**とよばれるように単語です。一語で「パパがいっちゃった」「パパに来てほしい」などいろいろな内容を表現しているのが特徴です。また，子どもによっては，一時的に犬だけではなく動物は何でも「ワンワン」というように過度に拡張したり，反対に自分のうちの犬だけしか「ワンワン」とは言わないという過度に限定する場合もあります。

このような試行錯誤の時期を経て，1歳半を過ぎるころから急にことばが増えてきます。物に名前があるとわかると「これは？」「これは？」と聞きたがり，教えてあげると真似をして言います。この時期には子どもの見ているもの，関心のあるものについては面倒がらずに名前を教えてあげることが大切なコミュニケーションになります。

語彙が爆発的に増え始めると，「パパ　イッチャッタ」「デンシャ　イッチャッタ」というように単語をつなげて話すようになります（**二語発話**）。知っていることばを羅列して言う時に助詞が抜ける**電文体**になることも多いのが特徴です。ことばの習得が急ピッチですすむ2歳ごろには，身近な人にしかわからないことばや言い間違いも多くなります。「ベビーカー」を「ベビーバー」と発音したり，「オイシイカレー」を「オイシイのカレー」と言ったりします。また自己主張の強い時期なので，「いや」「だめ」「じぶんで」「○○ちゃんの！」ということばを言ったり，いろいろなことばに「ない」をつけて反対語にしたりする子どももいます。一方「ぞうさん」や「さいたさいた」などの簡単な歌も好

んで歌います。身近な題材の絵本やリズミカルな言葉の繰り返しの絵本を読んであげると喜びます。

(2) 話しことばの完成

　3歳ごろには自分の名前や年齢，色や大小が言えるようになります。大人のことばや言い回しをまねて話したり，接続詞や助詞を使ったり，どんどん複雑な構造の文も話せるようになります。「暑いから，ジャンパーを脱ぐ」など日常生活に不自由のない程度に話せるようになります。

　家族以外の大人ともコミュニケーションがとれるようになります。集団生活ではまだ保育者の話を全部きちんと聞くことはできませんが，1対1の会話は上手になりますし，約束もできるようになります。しかし子ども同士ではまだことばが足りなくてうまく伝わらず，保育者が間に入ることも多い時期です。一方，何でも「どうして？」と聞きたがるようになります。簡単にかつ誠実に答えてあげましょう。コミュニケーションを楽しんでいる要素もあるので，難しい説明はなくてもよいでしょう。

　4歳ごろになると，友達同士で意思を伝えたりして会話ができるようになります。ただけんかやいざこざのときなどには，大人の仲介が必要なこともまだまだ多くあります。

　さすがに5歳ごろになると，自分たちで話し合いをしたり，ことばで問題を解決するなど一段と成長がみられます。報告や伝言などもできるようになります。

3. ことばの機能の発達的変化

(1) 外言と内言

　ことばはコミュニケーションの道具ですが，子どもの行動を見ていると3歳くらいの子どもは相手がいてもいなくても一日中おしゃべりしています。電車を走らせながら，「がたん，ごとん，がたん，ごとん」「つぎはしゅうてんです」などと言っています。これはどうしてでしょうか？　ピアジェはこれは子どもが自己中心的だからだと考えました。しかし，別の見方をする学者もいま

した。ヴィゴツキー（Vygotsky, L. S.）は，ことばには2つの機能があると考え，コミュニケーションの道具としての言語を**外言**，思考の道具としての言語（声を出さないで頭の中で使われる言語）を**内言**とよびました。ヴィゴツキーは，幼児期の子どもは，外言として獲得された言葉が次第に内言として思考に使われ始めたところで，まだ完全に黙っていることができずに，過渡期の状態としてひとりごと（**集団的独語**）を言うと考えました。ピアジェもヴィゴツキーの考えを受け入れるようになりました。「困ったなあ，青いクレヨンはどこにいっちゃんたんだろう」などのように，ひとりごとは困ったときほど多くみられる傾向があります。

(2) ことばの行動調整機能

ヴィゴツキーの弟子のルリヤ（Luria, A. R.）は，次のような実験をしました。「ランプがついたらボタンを押す」という課題を，3, 4歳児にやってもらいます。うまくできない場合に，ランプがつくと同時に「はい」と言いながらボタンを押すように言うと，正確に押せるようになりました。このようにことばを言うことにより行動がスムーズにできるようになることを，ことばの**行動調整機能**といいます。次に「赤いランプがついたらボタンを押し，青いランプがついたらボタンを押さない」という課題の実験をしました。この場合，赤いランプがつくと同時に「押せ」，青いランプがつくと同時に「押すな」と言うように指示すると，3, 4歳児は「押すな」と言いながら間違って押してしまう行動がみられ，5, 6歳児になると正確にできるようになりました。このことから，3, 4歳児ではまだことばの意味を考えて行動を調整することは難しいのですが，年齢とともにできるようになると考えられます。

4. 書きことばと文字の世界へ

(1) 文字への気づき

文字に気がつくのはどんなときでしょうか？　絵本を読んでもらっているときでしょうか？　初めての出会いは，ひらがなそれとも，数字でしょうか？「いち，に，さん」が「1, 2, 3」だと気づく子どももいれば，絵本の題名をお

母さんが「に，ん，じ，ん」と指さして読んだときかもしれません。次から子どもはお母さんの真似っこをして，いろんな絵本の題名を一文字一文字対応で読むかもしれません。あるいは，読めるふりをして大好きな絵本を勝手に読むかもしれません。とにかく，文字に気がついた素晴らしい瞬間です。

(2) 読みの習得

　文字への興味が出る時期は個人差が大きいようです。たいてい自分の名前の文字から覚えることが多く，興味を持ったらどんどん覚えます。看板や駅の名前や五十音表に興味を持ってどこでも何でも読んだりします。絵本なども自分一人で声を出して一文字一文字読むようになります。しかし，まだすらすら読めないうちは，内容を思い浮かべることまではできないので，読み聞かせてあげましょう。また文字に興味がないうちは無理強いしないで待ちましょう。周囲の大人が本や新聞を読む習慣があるかないかなど環境的なものの影響もあるでしょうが，小学校に入るまでに，すらすらではなくても一応ひらがなは読めるようになっている場合が多いようです。

(3) 書きことば

　近頃は身近にあるのが鉛筆ではなくボールペンということもあり，小さいときから「絵を描く」ことは少なくても「字を書く」ことを見る機会が周りにあります。子どもは文字に気がつくと，「書くふり」を始めます。鉛筆を持つことは箸を持つこととつながりますが，持ち方をきちんと習わないで勝手に書き始めることも多く，書き順もめちゃくちゃだったり，鏡文字だったりします。小学校に入る前には，ひらがなを練習するより，適度な筆圧で書くこと，きれいな線を書くこと，消しゴムできれいに消すことなど基礎をきちんと教えてあげるとよいでしょう。小学校入学時点で書字能力に差があっても半年後にはその差はなくなるという調査（内田，1991）もあります。

■ 考えてみよう

1. 子どもはどんなひとりごとを言っているか，観察してみましょう。
2. 下記の事例を読んで次の問題をやってみましょう。

> **事例**
> 　電車の中で，乳児が隣の席の女性のバッグについている犬のストラップに手を伸ばして，つかんで興味深そうに見ていました。女性がその子を見ると，乳児は見られていることに気がついて，手は離さずにじっと女性の顔を見上げていました。母親が気づいて女性に挨拶をすると，その子は母親の顔を見て，またすぐに女性の顔を見ました。女性は笑いかけましたが乳児はまた無表情にストラップに目を落としました。女性は電車を降りるときに犬のストラップを乳児にあげました。すると一瞬不思議そうな顔をしましたが，母親が「よかったねー」と笑顔で言うと，初めて笑顔になりました。女性がつられて笑うと乳児もにこにこ笑っていました。

　①乳児・女性・母親と犬のストラップの四者の関係を実際に再現してみましょう。3人で役割を決めて演じてみましょう。
　②ことばによらないコミュニケーションにはどのようなものがあるでしょうか？

3. 下記の事例を読んで考えましょう。

> **事例**
> 　駅のホームで，4～5歳くらいの男の子が母親に「あの電車はどこに行くの？」「何しに行くの」など次から次へと質問攻めにしていました。電車内に貼られているポスターを指さして，「何て書いてあるの？」，また電車から外を見て「何で夜になると太陽が出ないの？」と質問します。母親ははじめ丁寧に説明をしていたのですが，あまりにも多すぎて困り果てている様子でした。

　①「何で夜になると太陽が出ないの？」という質問に，あなたなら何と答えますか？
　②子どもはなぜ質問したがるのか考えてみましょう。

4. 下記のA・Bの2つの事例を読んで考えましょう。

> **事例A**
> 　電車に乗ってきた6～7歳の男児は，ゲームを手に持ち，母親が声をかけてもゲームに夢中で適当な返事をしていました。その後も母親は何回か話しかけますが，子どもが何も答えないのでイライラしています。

> **事例 B**
> 父母と 3 歳と 5 歳くらいの男の兄弟が,「あてっこゲーム」をしていました。父親が「三角で白い」と言うと兄が「わかった！」と嬉しそうに言いました。次に「黒いものが貼ってあります」と父親が言うと,弟も「わかった！」とうれしそうな笑顔をしました。母親が「せーの」というと,「おにぎり」と兄弟揃って答えました。

①事例 A・B の親子の様子を再現してみましょう。
②ことばを豊かにする環境について話し合ってみましょう。

■ 参 考 書

Bronfenbrenner, U. 1979 *The ecology of human development: Experiments by nature and design.* President and Fellows of Harvard College.（磯貝芳郎・福富 護（訳） 1996 人間発達の生態学──発達心理学への挑戦 川島書店）
福沢周亮・都築忠義（編） 2011 発達と教育のための心理学初歩 ナカニシヤ出版
Gibson, J. J. 1979 *The ecological approach to visual perception.* Boston: Houghton Mifflin.（古崎 敬・古崎愛子・辻 敬一郎・村瀬 旻（訳） 1985 生態学的視覚論──ヒトの視覚世界を探る サイエンス社）
村田孝次 1986 児童心理学入門 培風館
繁多 進（監修） 2010 新乳幼児発達心理学 福村出版

【引用文献】

新井邦二郎（編） 1997 図でわかる発達心理学 福村出版
Bridges, K. M. B. 1932 Emotional development in early infancy. *Child Development*, **3**, 324-334.
DeCasper, A. J., & Fifer, W. P. 1980 Of human bonding: Newborns prefer their mothers' voices. *Science*, **208**, 1174-1176.
Eimas, P. D., Siqueland, E. R., Jusczyk, P., & Vigorito, J. 1971 Speech perception in infants. *Science*, **171**, 303-306.
遠藤利彦・佐久間路子・徳田治子・野田淳子 2011 乳幼児のこころ──子育ち・子育ての発達心理学 有斐閣 pp.65-69.
Fantz, R. L. 1961 The origin of form perception. *Scientific American*, **204**, 66-72.
藤永 保・斎賀久敬・春日 喬・内田伸子 1987 人間発達と初期環境 有斐閣
Gesell, A., & Thompson, H. 1941 Twins T and C from infancy to adlescence: A biogenetic study of individual differences by the method of co-twin control. *Genetic Psychology Monographs*, **24**, 3-121.

東山　明・東山直美　1999　子どもの絵は何を語るか　NHK ブックス
平井誠也（編）　1997　発達心理学要論　北大路書房
Hiraki, K.　2006　Detecting contingency: A key to understanding development of self and social cognition. *Japanese Psychological Research*, **48**, 204-212.
柏木惠子　1988　幼児期における「自己」の発達——行動の自己制御機能を中心に　東京大学出版会
Lewis, M.　1993　The emergence of human emotions. In M. Lewis & J. M. Haviland-Jones (Eds.), *Handbook of emotions*. Guilford Press. pp.223-225.
Luria, A. R.　1961　*The role of speech in the regulation of normal and abnormal behabiour.* Pergamon Press.
正高信男　1993　0歳児がことばを獲得するとき　中央公論社
Meltzoff, A. N., & Borton, R. W.　1979　Intermodal matching by human neonates. *Nature*, **282**, 403-404.
三木安正（編）　1958　児童心理学　共立出版
村田孝次　1986　児童心理学入門　培風館
成田奈緒子　2004　脳とこころの子育て　ブレーン出版
成田奈緒子　2006　脳の進化で子どもが育つ　芽ばえ社
岡本夏木　1986　ピアジェ, J.　村井潤一（編）　発達の理論をきずく　ミネルヴァ書房　p140.
Pascalis, O., de Haan, M., & Nelson, C. A.　2002　Is face processing species-specific during the first year of life? *Science*, **296**, 1321-1323.
Piaget, J.　1936　*La naissancede l'intelligence chez l'enfanat.* Neuchâtel: Delachaux et Niestlié.（谷村　覚・浜田寿美男（訳）　1978　知能の誕生　ミネルヴァ書房）
Porter, R. H., & Winberg, J.　1999　Unique salience of maternal breast odors for newborn infants. *Neuroscience and Biobehavioral Review*, **23**, 439-449.
相良敦子　1999　幼児期には2度チャンスがある　講談社
佐々木正人　1994　アフォーダンス——新しい認知の理論　岩波書店
佐々木尚之　2010　日本人の子育て観——JGSS-2008 データに見る社会の育児能力に対する評価　日本版総合的社会調査共同研究拠点研究論文集10（JGSS Research Series No. 7），35-47.
関口はつ江・太田光洋（編著）　2009　実践としての保育学——現代に生きる子どものための保育　同文書院
繁多　進（監修）　2010　新乳幼児発達心理学　福村出版
下條信輔　2006　まなざしの誕生——赤ちゃん学革命　新曜社
Sorce, J. F., Emde, R. N., Campos, J., & Klinnert, M. D.　1985　Maternal emotional signaling: Its effect on the visual cliff behavior of 1-year-olds. *Developmental Psychology*, **21**, 195-200.

Stratz, C. H.　1922　*Der Korper des kindes und seine pflege.* Stuttgart: Enke.
高橋道子・藤﨑眞知代・仲真紀子・野田幸江　1993　子どもの発達心理学　新曜社
内田伸子　1989　物語ることから文字作文へ　読書科学, **3**, 10-24.
内田伸子　1991　幼児期の認知発達の特徴　内田伸子・臼井　博・藤崎春代　ベーシック現代心理学2　乳幼児の心理学　有斐閣　p. 135.
ヴィゴツキー, L. S.　1934　柴田義松（訳）　1967　思考と言語　明治図書
Watson, J. B., & Rayner, R.　1921　Conditioned emotional reactions. *Journal of Experimental Psychology*, **3**, 1-14.
Wynn, K.　1992　Addition and subtraction by human infants. *Nature*, **358**, 749-750.

8歳，5歳，0歳児の三兄弟

10歳，6歳，1歳児の三兄弟

コラム5　ことばの相談

「ことばが遅い」という他に，ことばを話すようになってもことばについて相談される場合があります。「場面緘黙（かんもく）」「吃音（きつおん）」「構音障害（こうおん）」などです。

①場面緘黙
〈事例〉　Yちゃんは3歳の女児。家ではよく話すのに一歩外に出ると全くしゃべりません。遊びのグループに誘うと，毎回休まずに来て全部の遊びに楽しそうに参加しますが，6か月間一言もしゃべりません。でも誰もそれについてふれないようにしました。幼稚園入園1か月前，Yちゃんは初めて名前を呼ばれたとき，ささやくように「はい」と言って，そのあと大きなため息をつきました。その日を境に少しずつ小声で話すようになりました。

　誰も何も言わず普通に接したのが良かったようです。想像以上に話すことは大きな緊張を伴うようです。

②吃音（どもり）
〈事例〉　3歳の女児Mちゃんは，大好きなお父さんが単身赴任で外国に行ってしまったころからどもるようになりました。心配したお母さんが仕事を辞めてMちゃんと一緒にお父さんのところに行ったらどもらなくなりました。
〈事例〉　3歳のT君は，両親の離婚で母親と離れて暮らすようになったころからどもるようになりました。けんかしてお姉ちゃんからたたかれたり，おばあちゃんに叱られたりすると特にひどくなります。

　吃音は心理的ストレスによる場合もあるので，環境に大きな変化がないか聞いてみましょう。本人に意識させないこと，言い直させないこと，急がなくていいよとリラックスさせてあげることが大切です。

③構音障害
　「くつ」を「くちゅ」，「はさみ」を「はしゃみ」などと発音することをいいます。サ行やタ行がうまく発音できない場合が多いようです。言い直させると話さなくなってしまうこともあるので，正しい発音を聞かせてあげましょう。自然に修正されることも多いのです。年長児になっても治らない場合は言語訓練の専門機関を紹介してもらいましょう。

3 人との相互的かかわりと子どもの発達

子どもが発達するためには周囲の人々の支えが必要です。子どもは周りの人々とどのようなかかわりをもって育っていくのでしょうか。考えてみましょう。

年齢あてクイズ ③
この子は生後何か月でしょう？

☞ 解答は 169 ページ

基本的信頼感の獲得

1. 赤ちゃんの魅力

　人間の赤ちゃんは，誕生後少なくとも3か月間，自分の力で移動することができません。誰かが積極的に近づいてきて，世話をしてくれなければ生きていけないのです。ノーベル賞を受賞した動物学者のローレンツ（Lorenz, K. Z.）は，赤ちゃんのかわいらしさは，周りからの攻撃的な行動をおさえて，守ってあげようとする行動を引き出しやすいといっています。図3-1のように，ふっくらした頬やまるい大きなおでこ，そして顔の中心線より下にある目がまるく

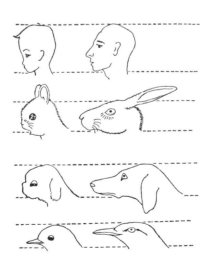

図3-1　赤ちゃんの特徴（藤永，1971）

大きいことは，人間の赤ちゃんのみでなくウサギや犬，トリなど動物の赤ちゃんにも共通していて，このかわいらしさが親による赤ちゃんへの世話を引き出すと述べています。

赤ちゃんは出生直後でも，目覚めているときに自分の顔をのぞきこんでくる大人と同じような表情をすることが知られています（Field et al., 1982）。電車の中などで，母親に抱かれている赤ちゃんがじっとこちらを見つめてくることがあります。そのようなとき，赤ちゃんに向けてこちらが口を開けたり閉めたりすると，赤ちゃんも口をパクパクし始める。また，こちらが舌を出し入れすると，赤ちゃんも舌をもぞもぞし始めるという経験を持っている人は少なくないと思います。このような**共鳴動作**とよばれる動作は，赤ちゃんが意図的に行ったものではないとしても，周りの大人に赤ちゃんとのかかわりを引き起こすのです。

イギリスの児童精神科医で愛着理論を提唱したボウルビィ（Bowlby, 1982）は，自分の力だけで自分の生命を維持することができない人間の赤ちゃんは，生まれつき周りにいる大人を自分に近づけるための行動型を備えていると考えました。赤ちゃんが周囲に示す行動型には，泣く，笑う，クーイング，注視，抱きつきなどがあり，赤ちゃんのこれらの行動は**愛着行動**とよばれ，周りの大人を自分のそばに呼び自分と大人の距離を縮める働きをします。赤ちゃんが大人を自分のそばに近づけることは，赤ちゃんにとって自分が生きていく可能性を高めるために欠くことのできないことなのです。

2. 養育者は赤ちゃんに動かされて

赤ちゃんが愛着行動をとると，そばにいる大人，多くの場合は養育者が赤ちゃんに近づいていきます。そして，お腹は空いていないか，おむつは濡れていないか，暑くはないか，寒くはないかなどと調べて，赤ちゃんの不快感を取り除こうとします。このような養育者の赤ちゃんに対する反応や働きかけは，赤ちゃんを快適にするだけでなく，赤ちゃんにとっては発達の重要なきっかけとなるのです。「赤ちゃんは，自分の活動が外の世界に変化をもたらすこと，つまり世界にコントロールを及ぼせることに気がつき，そのこと自体によろこびを

感じて」(下條，2006) さらに愛着行動を繰り返すようになります。

養育者の側の赤ちゃんへの働きかけについて，動物比較行動学の立場からも様々な研究が行われています。たとえば，哺乳動物の母子関係を調べたクラウスとケネル (Klaus & Kennell, 1984) は，ヤギの母親が出産直後に子ヤギを1～3時間引き離されただけで，戻ってきたわが子を受け入れなくなってしまうことがあると報告しています。人間の母親についてもそのようなことがないかを調査しましたが，結果ははっきりしていません。

養育者の赤ちゃんへの働きかけは様々で，養育者の数ほどあるといえますが，時に養育者は，赤ちゃんの気持ちの表出に調子を合わせて自分の行動を赤ちゃんの行動とかみあうように調節する，**情動調律**とよばれるかかわりをします。情動調律とは，激しく泣いている赤ちゃんに「あー悲しい悲しい，おおよしよし。どうしてそんなに悲しいのだろうね？」と話しかけることによって，養育者自身が無意識のうちに気持ちを落ち着かせて，赤ちゃんの悲しい気持ちを養育者の気持ちと一緒に穏やかにしていくような対応を指します。「泣かないでちょうだい！　泣き止みなさい！」と，なぜ泣いているかわからないイライラを赤ちゃんにぶつけてしまうより，ずっと効果的なのです。

このようにして赤ちゃんは，はじめのうちはある特定の養育者に近づいてもらいたいという特別な意図をもっていなかったとしても，愛着行動を通して次第にある養育者から働きかけてもらったり，その人からの働きかけに反応したりすることにより，その養育者との間に**愛着**関係を形成していくのです。

3. 愛着の形成

人間の赤ちゃんは，自分の力で特定の養育者に近づくことができず，抱きかかえてもらって動き回るには重すぎる体重で生まれてくるにもかかわらず，周りの大人を自分のそばに引き寄せることによって，世話をしてもらい生き延びることができます。生後間もない赤ちゃんは，まどろんでいるときに楽しい夢を見ているのかなと思えるようなほほ笑みを浮かべます。これは顔の筋肉の緊張と緩みという生理的レベルで生じるほほの動き（**生理的微笑**，あるいは**自発的微笑**と呼ばれる）ですが，周りの大人を和ませてくれますし，大人にこの生

理的微笑をまた見たいなと思わせます。

　目覚めている時間が短く，知覚的な力もまだ幼い，生後8〜12週ごろまでの赤ちゃんは，誰に対しても無差別にほほ笑んだり（**3か月微笑**と呼ばれる），愛着行動を向けたりします。相手が誰であっても，その人の顔を注視したり声を聞いたりして泣き止むこともあります。しかし次第に赤ちゃんは，しばしば近づいて世話をしてくれる人に対して，頻繁に愛着行動を向けるようになります。生後12週を過ぎるころから赤ちゃんは，いつもかかわってくれる特定の人の声や顔に対して特によくほほ笑んだり声を出したりするようになります。かけられた声やのぞきこんでくれた顔などに対して，無差別ではなく，その人の声や顔の表情に応じた反応を示すようになるのです。このころの赤ちゃんは，自分のどの行動が，その特定の人をどのように動かすかに気づき始めているのです。しかしまだこの時期の赤ちゃんは，その特定の人の姿が見えなくても不安を示すことはありません。この特定の養育者は，多くの場合に母親ですので，これ以降，その特定の人を母親とよぶことにします。

　生後6か月ごろから，赤ちゃんは自分がどのような泣き声をあげれば，母親がどう対応してくれるか，また，どのような声を出すとどうこたえてくれるかなどをはっきり知るようになります。母親が自分にどうかかわってくれるかを予期できるようになった赤ちゃんは，母親とのやりとりパターンを確立していきます。こうして，母親が近づくだけで泣き止むことも起こるのです。母親とのやりとりパターンを確立してきた赤ちゃんにとって，そのパターンと違う場面に出会うことは大きな不安となります。母親の姿が見えないときや，見慣れない人が近づいて来るときなどに赤ちゃんが感じる不安を**8か月不安**とよびます。この不安が最も頻繁に出現する時期にちなんでこうよばれるのです。生後6〜8か月ごろ，いわゆる**人見知り**のはじまりは，赤ちゃんが母親を愛着の対象として，母親との特別な関係を形成し始めたことを意味します。愛着とは，赤ちゃんが恐れや不安を感じたとき，一貫して自分を守ってくれる信頼できる人と接触したままでいようとすることです。したがって愛着の形成は，その後の赤ちゃんの心とからだの健康な発達を支えるのです。

4. 基本的信頼感をもとにして

　赤ちゃんが母親を愛着の対象として，母親に対して**基本的信頼感**を抱くようになるころ，赤ちゃんは少しずつ自分の意志で移動できるようになります。はいはいや歩行を始めた赤ちゃんは，母親を求めて後追いができるようになると同時に，母親を安全で安心感を与えてくれる活動の拠点（**安全基地**）としてここから周囲の探索へと向かうようになります。赤ちゃんは周囲の探索に出かけてみて，何か困ったことが起きたら，すぐに安全基地に戻ってくるのです。逆にいうと，赤ちゃんは安全基地がないと不安で，自分の周りを探索することができないのです。

　基本的信頼ということばを使ったエリクソン（Erikson, 1977）は，赤ちゃんが周りの人や自分に対する基本的信頼感を獲得したとは，赤ちゃんが周りの人によるいつもと同じ肯定的なかかわりが続くことを期待できると学んだこと，赤ちゃんが自分が生きていくことに対して自信に近いものを持つようになったことであると述べています。

5. 愛着の発達

　ボウルビィ（Bowlby, 1982）は，愛着が発達する過程を次のように4つの段階に区分してわかりやすく述べています。

第1段階：まだ愛着をもたない（誕生～生後12週ころまで）

　この段階の乳児が周囲の人たちに示す行動には，視線による追跡行動，つかむ，手を伸ばす，微笑する，声を出すなどが含まれています。しかし，ある人を他の人と弁別する能力はまだありません。乳児が，音を聞き分けて行動を変化させることは生後4週未満では観察されていません。また生後10週未満児が，見えているものについて区別して行動することも観察されていません。

第1段階

第2段階

第3段階

第4段階
図3-2 愛着の発達

第2段階：ひとり（または数人）の人に対して親密な方法で行動する（生後12週〜6か月）

乳児は第1段階のときと同様に，人に対して親密な方法で行動しますが，第2段階では特定の人（たとえば母親）に対して他の人に対してよりも多く微笑んだり，声を発したりするようになります。

第3段階：特定の人に愛着をもつ（生後6か月〜2歳）

だれに対しても示された親密でやや無差別な行動は減少し，ある特定の人のそばにいることを求めます。

たとえば，外出する母親を追う，帰宅した母親を迎える，母親を**探索活動**のためのよりどころとして利用するようになるのです。見知らぬ人たちをますます警戒し，そのうちおそれと逃避を引き起こすようになります。出生後1年目の終わりごろから，見知らぬ顔や見知らぬ環境を認知し始め，不快なことを予期して泣き始めるようになるのです。

第4段階：母親の考えていることが予測できるようになり，自分のやりたいことを修正する（2歳〜　）

この段階では愛着対象人物（たとえば母親）から離れていても，安全基地として心の中に保ち続けることができるようになります。

1 基本的信頼感の獲得

■ 考えてみよう

赤ちゃんがえり

　ある保育園に通うF君（2歳）は弟が生まれてお兄ちゃんになりました。最近F君は自分より小さい子を見ると押してしまいます。赤ちゃんがえりだと誰もがわかり，クラスの保育者は心がけてかまってあげるようにしました。しかし一向におさまるどころかひどくなってきます。小さい子どものクラスの保育者は戦々恐々としてきました。このような状態が3か月も続いて，皆のF君を見る目が厳しくなってきました。

　そこで保育者全員で話し合いをしました。折しもF君の母からお手紙が寄せられ，そこにはこんなことが書かれていました。

　「40歳で第2子を産み，2人の男の子を育てる体力がなく，家の中ではFと弟は別々の部屋で育てています」

　F君のおかれている状況と事情を知った保育者のF君に対する見方が変わり，F君の小さい子どもへの乱暴は1週間でおさまりました。

保育者のF君に対する実際の対応はどのように変化したのでしょうか。

☞ 解答は 169 ページ

コラム 6　愛着の個人差

　愛着理論を提唱したボウルビィの同僚であったエインズワース（Ainsworth, 1963）は，愛着の研究を発展させました。エインズワースは，2年間にわたってアフリカのウガンダでガンダ族の乳児とその母親を観察しました。そして，農作業から戻ってきた母親にみせる乳児の行動に個人差があることをみいだし，母子間の愛着に個人差が生じてくるのは，養育環境に応じた母親の乳児への近づき方や関係のとり方に違いがあるためではないかと考えました。そこで，乳児を母親から離したり，見知らぬ部屋で知らない人と一緒に過ごさせたりすることによって，乳児にストレスを与えて乳児の反応を観察しました。これによって，ストレス状況の乳児がどのような愛着行動を母親に向けるか，また，母親をいかに安全基地として利用できるかを知ろうとしたのです。

　こうしてエインズワースは，愛着の個人差を実験的に測定する手法として**ストレンジ・シチュエーション法**を開発しました。彼女はこのストレンジ・シチュエーション法を用いて，乳児がその母親と別れる場面と再会する場面とで，どのように振る舞うかを調べ，乳児の愛着の質を安定型，抵抗型，回避型の3つに分類したのです。さらにエインズワースは，この3つの型の乳児の母親について，それぞれどのような特徴を備えているかを，家庭における日常の母子相互作用を観察することによって明らかにしました。

　母親との分離時に泣いたり混乱したりする子どもは，再会時の行動パターンによって，安定型と抵抗型とに分けられました。安定型の子どもは，再会時に分離による不安な状態から容易に立ち直り，喜びの表情で母親に身体接触を求めます。一方，再会後も分離による不安な状態を長く引きずり，母親に近づき身体接触を求めながらも怒りを伴った抵抗を示す子どもを抵抗型と呼びました。これに対して回避型とは，母親との分離に際してあまり混乱・困惑した様子を示さず，また再会時には母親を喜んで迎え入れることが少なく，よそよそしい態度をみせたりする子どもです。

　現在では，安定型，抵抗型，回避型の3タイプに振り分けることができない，何をしようとしているのか，その行動が読めない印象の子どもを無秩序・無方向型と呼び，このタイプを加えて愛着のタイプは，大きく4つに分類されています。この型の子どもは，初めて出会うストレンジャーに対して，養育者に対してよりも自然で親しげな態度をとることが少なくありません。養育者が精神的に不安定で，突発的に子どもをおびえさせるような表情や声を出すことがあるためか，養育者の存在を怖がっているように見えることもあります。

① 子ども用オモチャ ●■▲

実験者が母子を室内に案内，母親は子どもを抱いて入室。実験者は母親に子どもを降ろす位置を指示して退室。(30秒)

②

母親は椅子にすわり，子どもはオモチャで遊んでいる。(3分)

③

ストレンジャーが入室。母親とストレンジャーはそれぞれの椅子にすわる。(3分)

④

1回目の母子分離。母親は退室。ストレンジャーは遊んでいる子どもにやや近づき，働きかける。(3分)

⑤

1回目の母子再会。母親が入室。ストレンジャーは退室。(3分)

⑥

2回目の母子分離。母親も退室。子どもは一人残される。(3分)

⑦

ストレンジャーが入室。子どもを慰める。(3分)

⑧

2回目の母子再会。母親が入室しストレンジャーは退室。(3分)

図　ストレンジ・シチュエーション（Ainsworth et al., 1978を参考に作成）

2 人とのかかわり

1. 他者の気持ちを理解する

　私たちは，うれしいことも悲しいことも，楽しいこともつらいことも，できたこともできなかったことも誰かに伝えたいとの思いを持ちます。そして，伝えようとして話しかけるのですが，その前に今話しかけてもいいかな，後にしようかなと思うのです。話しかけられた相手の気持ちを考えるからです。人とのかかわりは，他者の気持ちを理解することから始まります。

　母親と赤ちゃんとのかかわりも，母親が赤ちゃんの気持ちを理解しようとするところから始まります。赤ちゃんは母親に自分の気持ちを読み取ってもらうことによって，自分が今どのような状態にあるかを整理できるといわれています。赤ちゃんの**人見知り**は，いつも自分の気持ちを読み取ってくれる人（養育者）がいることに安心し始めていたときに，いつも通りに自分の気持ちを読み取ってくれない人が手などを差し出してくるために起こります。赤ちゃんは，自分の気持ちを読み取ってもらえないことと，手を出された意味がわからないこととの両方で不安になるのです。

　私たちが他者の気持ちを理解できるのはなぜだろう，他者の気持ちを理解できるようになったとしたら，どのようにして理解できるようになったのだろうかと考えたことはありませんか。様々な研究者がこの問題について考えてきましたが，1990年代初めにイタリアで脳神経科学者らによって発見されたミラー・ニューロンというものが，私たちにこの問題の答えを教えてくれるかもしれません。**ミラー・ニューロン**と名づけられたニューロンが，サルの脳を調べているときに発見されました。このニューロンは，果物をつかむといった単純

で目的を持った行為をするときに活動するのですが,驚くべき点は,同じ行為を行っている他のサルを観察しているときにもこのニューロンが活動することなのです。人間についても,他者の行為を見ているだけで,見ている人の脳内でも同じ行為を制御する神経回路が働いていることが明らかになりました。さらに,人が自分で嫌な臭いだなと感じたときと,他者の嫌な臭いだなと感じたことを表わす表情を目撃したときとの両方で同じニューロンが活動することがわかりました (Rizzolatti et al., 2007)。

自分の経験と他者の経験の観察とで同じニューロンが反応することがわかったということは,人間が他者の気持ちを理解できることを支える身体的,神経的仕組みが明らかになってきたことを意味します。私たちが他者の気持ちに**共感**できるのは,他者の気持ちを頭の中で実際に経験できるからなのかもしれません。

2. 心の理論の発達

人にはそれぞれに心というものがあり,一人ひとりの人が別々に考えたり感じたり欲したりしているのだということの理解をプレマックら (Premack et al., 1978) は,心の理論とよびました。**心の理論**を持っているということは,人間はその人その人の心に従って行動することを知っているということです。したがって心の理論を獲得すれば,他者の行動を予測したり説明したりできることになります。

子どもが心の理論を獲得しているかどうかを知るために,様々な課題が考えられていますが,その代表的なものに**誤信念課題**というものがあります。私たち大人は心の理論を持っているので,他者の意図的な行為はその人が持っている期待,信念,願望といった心的状態に基づいて行われることを理解しています。つまり大人は,他者が事実と違う思い込み(誤信念)に基づいて行動することを予測できます。子どもが,誤信念に基づく他者の行動を予測できるかどうかを調べるために考え出された,たとえば次のような課題が誤信念課題です。

「M君はチョコレートを緑の箱に入れて外出しましたが,M君の留守中にお母さんがそのチョコレートを青い箱に移してしまいました」というストーリー

を子どもに伝え，戻ってきた M 君がチョコレートを求めてどこを探すか予測してもらう課題です。このような誤信念課題に正答するためには，子どもは自分が知っていること（チョコレートは青い箱の中にある）と M 君が知っていること（チョコレートは緑の箱の中にある）とを区別して，さらに自分を M 君の立場において M 君の行動を予測する必要があります。子どもたちに誤信念課題をやってもらうと，4歳くらいから正答が可能となります。そのため，3歳から4歳の間に，子どもの心の理論についての理解に重要な変化が生じると考える研究者たちがいます。

しかし，赤ちゃんをそばで日常的に観察していると，赤ちゃんはもっと小さいころから人の心を理解していると思われることがあります。オオニシら（Onishi et al., 2005）は単純な誤信念課題を用いて，15か月の赤ちゃんでも他者の誤信念に何らかの気づきをもっていることを示しました。4歳にならなくても，他の人の心の状態を理解できるかもしれませんが，そのことを直接調べる課題や方法がまだみつかっていないといえます。

子どもは何を土台にして心の理論を獲得していくのでしょうか。子どもが他の人の心の世界について理解するには何が必要なのでしょうか。Meins らは，母親の，赤ちゃんの心の世界に目を向けて赤ちゃんを心を持った一人の人間として扱う傾向（この傾向は **mind-mindedness** とよばれます）が，その赤ちゃんが幼児期に入ったときの心の理論獲得を促進すると述べています（Meins et al., 2002）。また，きょうだいが心の理論獲得を促進するとの報告もあります（Perner et al., 1994）。

母親や周りの大人が，赤ちゃんを心を持った一人の人間として扱い，その表情や発声などについて一つ一つ解釈して意味づけることは，母親や周りの大人に赤ちゃんのそばにいることを楽しくさせ，赤ちゃんと話し合って育児を進めているように感じさせてくれるでしょう。赤ちゃんは自分の気持ちを周りの大人に正しく読み取ってもらったり，読み間違えられたりしながら，自分の気持ちを整理して理解できるようになり，やがて他者の表情や気持ちがわかるようになるのかもしれません。

3. 愛他行動の発達

　愛他行動は，**利他的行動**あるいは**思いやり行動**ともよばれることがあります。菊池（1984）によると，愛他行動とよばれるには，その行動が相手の援助であること，**外的報酬**を目的としないこと，ある種のコストを伴うこと，自発的になされることが必要となります。昔から人間は，大きな体も強い爪もキバも持っていないので，ライオンやオオカミなどの強い動物から身を守るために何か対策を講じなければなりませんでした。その何かが，仲間と助け合って集団で生活することだったといわれています。人間は，自分がコストを負担しても他者を助けて，助けたことによって，その他者から感謝されたり仲間からほめられたりするという経験を積んで，現在に至っていると考えられます。愛他行動は，困っている人がいると思わず助けてしまう行動であると同時に，感謝される，ほめられるといった**内的報酬**に結びつく行動でもあるのです。

　子どもの愛他行動は増えることが望まれますが，愛他行動を増やすためには何をすればよいのでしょうか。上村・天岩（2010）は，幼児について，自分の母親がどのような行動をとると思っているかということと愛他行動との関連性を調べました。そして，母親が子どもの失敗を責めず，失敗の片づけを一緒にやってくれるだろうと思っている幼児は，愛他行動の出現率が高かったと述べています。愛他行動を示す母親を見ている子どもは，愛他行動の出現率が高いといえるのかもしれません。

■ 描いてみよう

pp.69〜70を参考にして，人の赤ちゃんの顔を描いてみましょう。

☞ **解答は169ページ**

■ 考えてみよう 「いらいらさせないで！」と言われたら・・・

　4歳のSちゃんは，園でも近所でも「良い子」と評判の子どもです。今日は，お母さんと電車でお出かけです。おばさんのお家へ持っていくケーキを大事そうに抱えて，一人できちんと座席に座っていました。隣に座っているお母さんは，ケーキが崩れないようにとSちゃんのお膝からケーキの箱を取りました。暇になったSちゃんは，足や手をほんの少し動かしながらお母さんの服をいじっていました。お母さんは，携帯電話を操作しながら「少し寝なさい」と言いましたが，Sちゃんは動きを止めませんでした。
　その2～3分後のことです。Sちゃんがお母さんから「あなたね，いらいらさせないで！」と言われたのは。Sちゃんは，慌てたようにビクッとすると動かなくなりました。よく見ると，目もつぶっていました。

①Sちゃんは，目をつぶって何を考えていると思いますか？
②「いらいらさせないで！」ということばは，Sちゃんにとってどのような意味をもつのでしょうか？
③あなたは，子どもに向かって「いらいらさせないで！」と言うことがあるでしょうか？

8か月の人見知り

友達関係と遊びの発達

1. 友達関係の発達

(1) 対人関係の広がり

　子どもにとって最初の人間関係は親を中心とした家族ですが，生後6か月くらい経過すると外出をしたり，保育所等での生活が始まったりして，家族以外の人と出会う機会ができてきます。家族の人間関係は必然的に出会った人との関係で，嫌でも生きている限り続くものです。しかし，それとは違う人間関係を経験するようになるわけです。自分の意志で移動できるようになると，家族以外の人とのかかわりがますます増えていきます。見かけの大きさだけでなく，経験も能力も大きく違う人々と出会っていきます。そのような中で，子どもには年齢的にも身体的にも近い存在である友達の影響が現れてきます。

(2) 友達関係の特徴

　友達関係には次のような3つの特徴があげられます（臼井，1991）。第1に，その関係を維持するために子ども自身の希望や努力が必要です。友達でいたいと思うその人とずっと友達でいるためには，我慢しなければならないことも出てくるということです。第2に，家族の人間関係とは違って，能力や役割分担がほぼ対等という点です。家族なら，許してくれたり守ってくれたりするのですが，友達関係にそのようなことは期待できません。第3は第2とも関係するのですが，友達同士の競争やお互いを比較することによって，自分の能力や特徴について偏ることなく評価したり判断したりする機会を提供してくれることです。家族ならば子どものわずかな進歩もほめてくれる場合がありますが，友

達はもっと厳しいものです。したがって子どもは成長すると、家族の評価よりも友達の評価を気にするようになります。

(3) 友達関係の発達

友達との**やりとり**は、いつごろから見られるようになるのでしょうか。櫃田ら（1986）は、3か月から12か月の家庭で育っている第一子の赤ちゃんが、集団場面でどのような行動をとるかを調べました。その結果、3～4か月児では、複数の赤ちゃんが互いに直接的に働きかける様子はみられませんでしたが、同時にあるものを見ることは出現しました。この月齢児は他児と、主として物に対する興味、関心の共有という形で結びついているのではないかと説明されました。5か月になると、他児を見ることが急増しました。この月齢は、姿勢が安定してくるので見る対象として、他児の存在が重要な意味を持ち始めたと解釈されました。他児への動作によるかかわりが増え始めるのは6か月でした。これ以後9か月くらいまで、赤ちゃん同士が互いに積極的な関心を向け合い、見るだけでなく動作的にもかかわりあいを持ち出すと述べています。逆に10～12か月の赤ちゃんは、他児へのかかわりが減少していると報告しています。この月齢は、親との愛着関係をもとにして**探索活動**を開始する時期なので、社会的行動の出現率は低くなったと説明しています。

横浜（1981）は、保育所に入所している9～31か月の乳幼児90名について、**仲間関係**成立の時期を調べました。横浜は、12か月未満においては、相手の持っている遊具や相手のからだや服に対してさえも無関心であった子どもが、12か月を過ぎると、まだ相手に対する関心は薄いけれども、相手の持っているものやからだに興味を示し始めると言っています。15～17か月と18～20か月の間で、相手の動きを見る、相手にほほ笑んだり声をかけたりする、相手の反応を見ながら近づいたり触ったりつかんだり抱きしめたりすることが有意に増えるそうです。だいたい18～24か月に、子どもの興味が相手の使っている遊具や相手のからだや服から、相手そのものに移行すると述べています。

2. 子どもの遊び

(1) 遊びとは

　小さい子どもは，遊んでいないときに何をしているのだろうかと考えたことはありますか。お風呂で遊んでいますし，フトンでも遊びます。食事中でも遊んでいる子はたくさんいます。子どもは遊ばずにはいられない存在であるといえそうです。同時にまた，子どもは遊ばなければならない存在でもあるようです。保育所保育指針（厚生労働省，2017）には，第1章総則1.(3)に「子どもが自発的・意欲的に関われるような環境を構成し，子どもの主体的な活動や子ども相互の関わりを大切にすること。特に，乳幼児期にふさわしい体験が得られるように，生活や遊びを通して総合的に保育すること」とあります。また，幼稚園教育要領（文部科学省，2017）にも，やはり第1章総則第1の2に「幼児の自発的な活動としての遊びは，心身の調和のとれた発達の基礎を培う重要な学習であることを考慮して，遊びを通しての指導を中心として」と述べられています。

　遊びとは何かという問いには，昔から多くの人々が意見や考えを述べていますが，ここでは，遊びの定義として高橋（1984）による遊びの特徴を6つあげます。ア．遊びは自由で自発的な活動です。イ．遊びは面白さ楽しさ喜びを追求する活動です。ウ．遊びにおいては，その活動自体が目的です。エ．遊びはその活動への遊び手の積極的なかかわりです。オ．遊びは他の日常性から分離され，隔絶された活動です。カ．遊びは，他の非遊び的活動（たとえば，ことばの習得，社会的役割を知ること，空想性や創造性）に対して一定の関係を持っています。

　特に上のウ．にあるように，遊びは他の目的のための手段ではないのです。遊ぶことによって様々な側面の発達が進みますが，何かの力を身につけさせるために遊ばせるという考え方は，間違いなのです。何かの目的のために遊ばせようとするならば，それはもう遊びではありません。

表 3-1 乳幼児の遊び (高橋ら, 1983)

カテゴリー	定 義	例
物なし	物を扱わない	
感覚-運動的1	物1個を扱いその結果の音,視覚,触覚などの変化を楽しむ	・ボールを手のひらの上でもてあそぶ ・ヒモを伸ばしたり丸めたりする
感覚-運動的2	物2個以上を同時に扱いその結果の音,視覚,触覚などの変化を楽しむ	・ボールを2個互いに打ちつける ・積木を2つぶつけ合って音を出す
平行的	物2個以上を同時に扱うが関連をもたせない。そのうち1個は描写的に,残りの物は身につけているだけかわきへおくだけ	・人形をわきへ置いて太鼓を叩く ・ヒモをかかえてダンボール箱の中へ入る
描写的1	1個のオモチャをそのものの用途にそって使用する	・カップから飲むふりをする ・人形を抱く
描写的2	2個以上のオモチャを一緒に組み合わせて,そのものの用途にそって使用する	・カップの中をスプーンでかきまぜる ・人形の髪をくしですく
象徴的1	1個の物を見立てて使用する	・積木1個をケーキとして使用する ・ダンボール箱をお風呂にする
象徴的1'	1個の物を見立て,他はいくつの物でも描写的に使用する	・人形に布地を（フトンとして）かける ・お皿に積木を（ケーキとして）乗せる
象徴的2	2個以上の物を見立てて使用する	・ダンボール箱をお風呂に,積木を石けんにする ・テーブルをこたつに,布地をこたつブトンにする
その他	上記のカテゴリーに入らない行動すべて	

(2) 赤ちゃんの遊びの発達

乳幼児の遊びの発達プロセスを調べた高橋(1984)は,特定のおもちゃ(カップ,受け皿,スプーン,フォーク,ミニ果物,積木,人形,ヘアブラシ,トラック,トレーラー)を生後9か月から36か月までの赤ちゃんに提示して,赤ちゃんのものの扱い方の発達的変化を報告しています。

①数少ない動作パターンを区別する(例：何でも口に入れていたが,いくつかのものは口に入れなくなる)

②単一のものを扱っていた状態から,もの同士を関連づけて用いるようになる(例：食器を組み合わせて用いるようになる)

③目前のもののみを扱っていた状態から,目前に存在しないものを空想し想定するようになる(例：想像上のケーキをお皿から食べるふりをする)

④見立てる(例：積木をケーキの代わりに用いる)

⑤いくつかの行動を全体系列の中に組み込むようになる（例：積木でつくった「家」の中で食事の準備をする）

⑥自分自身に向けていた動作パターンを，他者または他者の代用物に適用するようになる（例：母親または人形の髪にブラシをかける）

⑦人形を動かして，人形に動作をさせるようになる（例：人形にトラックを運転させる）

これらをまとめて高橋ら（1983）は，表3-1のように赤ちゃんがおもちゃをどのように扱うかのカテゴリーを作成しました。

（3）ふり遊び・ごっこ遊び

すでに赤ちゃんの遊びにもふり遊びは見られますが，ふりをするとはどういうことかについて高橋の記述に従って考えてみましょう。高橋（1996）はふりの特質として，ふりをする人は心をもった人であって，ランプや木はふりをしないと知っていることをあげています。さらに，ふりの世界が現実の世界とはっきり区別されていることをあげています。カップに水が満たされているつもりになって，この水を捨てるふりをした結果，カップが空になったつもりになる例のように，ふりの世界と現実の世界が事実として一致しても，はっきりと区別されるということです。ふりをしているときは，自分がふりをしていることに気づいていることも大切です。

遊んでいる子どもたちが一緒に行うふり遊びをごっこ遊びとよびます。おそらく，小さいころにごっこ遊びをやった記憶がないという人はいないでしょう。お母さん役をやりたかった，ウルトラマンになりきって気持ちよかった等の思い出があることと思います。ごっこ遊びは，お互いに承知してふりやうそを共有して，面白さと楽しみを分かち合う遊びです。

加用（1981）は，ごっこ遊びをしている子どもが，現実とうそについてどのように理解しているかを発達的に調べました。最初は，古いフライパンの中に砂と枯葉を入れてかき混ぜて，ハンバーグを作ったと主張することはできますが，「でも，これはハッパだよね」と尋ねられると，答えられなくなる段階です。このような，ものについての矛盾を克服できるのは，4歳過ぎと述べています。次は，役割についての矛盾が克服できない段階です。ごっこ遊びでお医

者さん役をやっている子どもに,「でも,あなたは○○君(お医者さん役の子の本名)ではないの」と言ってみると答えられないような段階です。最後は,ものについても役割についても矛盾を克服できる段階で,5～6歳ごろであろうとしています。

(4) 遊びによって育つもの

　85ページにも述べましたように,何らかの力を身につけさせるために遊ばせるという考え方は間違いですし,それでは楽しくないでしょう。しかし,遊ぶことによって多くの力が育まれるのは事実です。遊びによって育つ力には,次のようなものがあると考えられます。**自己主張**の力,**自己抑制**の力,他者を理解する力,他者に理解してもらう力,他者と交渉する力,問題解決力等です。

表3-2　遊びによって育つ力

自己主張の力	そのおもちゃが欲しいと伝える力
自己抑制の力	今,そのおもちゃは友達が使っているからと我慢する力
他者を理解する力	友達も同じおもちゃで遊びたいのだと知る力
他者と交渉する力	友達の話を聞いて,「次に使わせて欲しい」「終わったら貸して」と言える力
問題解決力	そのおもちゃで遊ぶために,今すべきことは何かを考える力

3. ふざけ・いざこざ

(1) ふざけ

　子どもたちの仲間関係では,ふざけがしばしばみられます。幼児にとってのふざけ行動の意味を考えた堀越・無藤(2000)は,ふざけを次のように定義しています。ふざけとは,「行為者が相手から笑いをとるきっかけとなる,関係や文脈から外れた不調和でおかしな行為であり,行為者だけでなく相手も楽しむことが期待される行為,または行為者が自ら楽しむために不調和でおかしな行為をし,他の人にも伝染してともに楽しむ行為」。

　「ふざけないで!」と言われることが多いにもかかわらず,子どもはなぜふざけるのでしょうか。もちろん大人も子どもに対して,また大人同士でもふざけ

表 3-3　ふざけの種類の分類 (堀越, 2003)

大げさ・滑稽	滑稽な話し方・表情（イントネーション，赤ちゃん語，顔歪め），大げさな動作（大声を出す，大げさな身振り），滑稽な動作（自分を叩く，転ぶ，まわる，かくれる，追う，逃げる，抱きつく，くすぐる，予想外の動作），滑稽なことを言う
真似	相手の真似（大げさな真似を含む），テレビの真似，ふざけの真似
ことば遊び・替え歌	ことば遊び，替え歌
からかい	意地悪を言う，反対を言う，相手を叱る・注意する・叩く・蹴る・押す・揺らす・はがいじめにする，耳元で大声出す，相手の物を壊す
タブー	身体・排泄のタブー（オッパイ，チンチン，おしり，パンツ，おしっこ，おなら，うんち），性のタブー（キス，結婚，オカマ），ネガティブなタブー（死，ババア，ジジイ，バカ，アカンベ），その他（サル，ブタ，酒）

ますが，ふざけの意味を考えてみましょう。ふざけには，友達関係を維持したり発展させたりする働きがありそうです。友達関係が緊張したときに，ふざけはその状況を緩めてくれます。また，一緒に笑うことによって楽しい連帯感をもたらしてくれます。

堀越（2003）は，ふざけを表3-3のように分類しています。そして，ふざけは子どもにとってコミュニケーション手段として重要であり，友達との関係を築き強めるため，あるいは緊張や戸惑いを感じる場を切り抜けるために，子どもなりに対処している姿でもあると述べています。さらに，子どもの過度のふざけに出会った場合，まず可能な範囲でその子のふざけてしまう心情，ふざけざるをえない心情をくみとって状況把握に努めることが大切であるといっています。

(2) いざこざ・けんかの意味

ふざけについては，相手や状況によってよくふざける子とあまりふざけない子がはっきり分かれている場合が多いですが，**いざこざやけんか**については，はっきり分かれているわけではないようです。

幼児の仲間関係には，いざこざやけんか等の葛藤的状況が盛んに生じます。いざこざやけんかが葛藤的状況とよばれるのは，当事者間に，要求の衝突や意見の対立等による相互交渉で，何らかの**心理的葛藤**や緊張が生じているからで

す．子どもは，仲間との葛藤を通して初めて自分の快が相手の不快になることがあるのだと知ります．いざこざやけんかの中で思い通りにならない経験をして，相手への怒りや自分に対する誇りに揺れながら，お互いが満足するにはどうしたらよいか調整しなければなりません．このようにして，相手の気持ちを理解しながら子どもの友達との**相互交渉能力**は上がることになるでしょう．

(3) いざこざやけんかの経験

　欲しいおもちゃは，相手がどのように思っていようとお構いなしに自分のものにしようとする 18 か月くらいの幼児は，相手の手にしているおもちゃだけを見ていて相手の顔はほとんど見ていません．しかしやがて 2 歳ごろから，欲しいおもちゃがとても欲しいとの思いは変わらないのだけれど，おもちゃを手にしていた相手の表情やおもちゃを取ってしまった自分を見ている母親の様子にも気づきます．いろいろなことに注意を向けられるようになったのです．このころの幼児は，母親の表情を参照して，相手から取り上げたおもちゃを突然手から離すことがあります．もちろん，この行動は母親からほめられるためであったり，叱られないためであったりします．

　朝生ら (1991) は，保育園の 2 歳児クラスで自由遊び中に観察されるいざこざは，1 つのものを両者ともが使用したいという要求がぶつかる場合が中心になると述べています．そしてその対立に対して半数以上の子どもは，互いに引っ張り合う方略や，泣くことによって抵抗する方略を使用するそうです．その他に，身体攻撃や物を取って逃げる，また，ことばによる抵抗もみられ，先に使っていた人に使用する権利があるといったルールの主張は，5 月の最初の観察から次第に増加していき，学年末の 3 月には半数にみられるようになったと報告しています．

　幼稚園の 3 歳児クラスで自由遊び場面を 1 年間観察した木下ら (1986) は，どのような原因でいざこざやけんかが生じて，それがいかに終結したかを調べました．ものや場所の占有をめぐるいざこざが 30％近くみられ，身体的攻撃，非難，行為の妨害など不快な働きかけによるいざこざも同じくらい多くみられました．ここでは，学年末近くなるとルール違反やテレビの主人公などについてのイメージのずれによるいざこざが増加して，その終結は，互いの意図や対

立の原因についてことばで説明して了解するような相互理解によるものが多くなったそうです。

　初めて集団生活を経験する3歳児は，乳児時代から保育所に入所している1歳半児と同じようなトラブルを起こすという調査（本郷，1994）もあるようです。仲間同士で生じるいざこざやけんかへの対応のしかたは，集団生活を経験しないと育たないことがわかります。

■ 考えてみよう

1.「縦割り幼稚園でのけんか」
　縦割り幼稚園とは，保育が年齢別のクラスではなく異年齢集団で行われる園のことです。
　自由遊び時間の先生たちは，大体誰かに頼まれてお絵かきを手伝っていたり，何か作業をしていて，園児たちがもめていると通りかかって一声かけて，どうしても止まらなかったら仲裁したりします。

> 　ある日3歳児のH君と，同じく3歳児のT君がもめていました。H君が2つ持って押していた椅子を1つT君に，1つ自分用にしたかったようですが，なぜか2人とも片方の椅子が良いと主張し，1つの椅子を引っ張り合って怒っていました。厳密には，T君は「だめー！」と言っており，H君は泣いていました。迎えに来ていたH君の母親が他の椅子を提案したり，じゃんけんを提案したりしていますが，双方絶対に嫌だと言い張ります。
> 　S先生は，通りがかりに「その椅子，そんなに良いの？　ふ〜ん」と去って行きました。近くで作業中のP先生は「じゃんけんすればぁ〜？」と声をかけます。
> 　けんかが5分ほど続いて少しヒートアップしてきたところで，P先生「（座って作業したまま）あー，そこの年長さんお願いがあるの。ちょっと聞いてあげてよ〜」と，5歳児に声をかけました。年長児2人が，たったかたったかやってきて「どーしたのー？」「この椅子，どっちが最初に持ってたの〜？」「じゃんけんすりゃいいじゃん」「嫌なの？　じゃあこっちにすればいいじゃん」
> 　すると，なぜかすんなりT君が年長さんオススメの椅子に手を出してけんかは終了。年長さんたちは得意げにP先生に報告。「ぼくがねー，こっちが良いって言ったら終わったんだよ！」
> 　その1分後，T君もH君も，もう椅子では遊んでいませんでした。S先生は再度通りすがりに「結局椅子はどうでも良かったのね」と言いました。

①3歳児は，自己主張が盛んな時期です。どうして自分の正しい思いが通らないのだろうと困っています。友達の考えは，自分の考えとは違うことに気づいて，我慢（自己抑制）できるようになるまでもう少し時間が必要です。我慢する力は，いろいろなぶつかり合いを経験しなければ育ってきません。あなたがS先生だったらどうしますか？
②あなたは，P先生の対応をどう思いますか？　あなたがP先生だったらどうしたでしょうか？

2. 「競争意識の強い4歳児のクラス」

> ある保育園の4歳児クラスでは一番になりたがる一番病がはやっています。いつもM君とN君は一番をめぐって争いになります。皆もなんだか落ち着かない雰囲気です。そんな中，T君はいつも遅くて皆を待たせます。
> 今日も昼寝の後のおやつが始まろうとしているのに，T君がまだパジャマを脱いでいるところです。保育者が「T君早くして。みんな待ってるよ」と声をかけました。そうするとみんなも「T君おそーい」「T君，早くして」と口々に言いました。保育者はこの状況はまずいと感じ，やり方を変えてみました。

①保育者はどうしてまずいと感じたのでしょうか。
②T君を待つ状況をどのように変えたのでしょうか。

☞ 解答は169ページ

【引用文献】

Ainsworth, M. D. S., Blehar, M. C., Waters, E., & Wall, S.　1978　*Patterns of attachment: A psychological study of strange situation.* Hillsdale, NJ: Erlbaum.

Ainsworth, M. D. S.　1963　The development of infant-mother interaction among the Ganda. In B. M. Foss (Ed.), *Determinants of infant behavior.* Ⅱ. New York: Wiley.

朝生あけみ・斉藤こずゑ・荻野美佐子　1991　いざこざ場面における2〜3歳児の方略　日本教育心理学会第33回発表論文集, 93.

Bowlby, J.　1969　*Attachment and loss.* Vol.1. *Attachment.* New York: Basic Books. （黒田実郎・大羽　蓁・岡田洋子（訳）　1982　母子関係の理論1──愛着行動　岩崎学術出版社）

Erikson, E. H.　1963　*Childhood and society.* 2nd ed. New York: W. W. Norton. （仁科弥生（訳）　1977　幼児期と社会　みすず書房）

Field, T. M., Woodson, R., Greenberg, R., & Cohen, D.　1982　Discrimination and imitation of facial expressions by neonates. *Science,* **218**, 179-181.

藤永　保　1971　現代心理学　筑摩書房
櫃田紋子・浅野ひとみ・大野愛子　1986　乳幼児の社会性の発達に関する研究6　乳児間の社会的行動その2　日本教育心理学会第26回総会論文集, 470-471.
本郷一夫　1994　子どもの仲間関係はこう発達する──トラブルからみた仲間関係　児童心理, **48**（10）, 896-901.
堀越紀香　2003　ふざけ行動にみるちょっと気になる幼児の園生活への対処　保育学研究, **41**（1）, 71-77.
堀越紀香・無藤　隆　2000　幼児にとってのふざけ行動の意味──タブーのふざけの変化　子ども社会研究, **6**, 43-55.
加用文男　1981　子供の遊びにおける「現実」と「虚構」の認識的分化──理論と予備調査　東京大学教育学部紀要, **20**, 343-351.
菊池章夫　1986　思いやりを測る　こころの科学, **8**, 22-27.
木下芳子・斉藤こずゑ・朝生あけみ　1986　幼児期の仲間同士の相互交渉と社会的能力の発達──3歳児におけるいざこざの発生と解決　埼玉大学紀要教育科学, **35**（1）, 1-15.
Klaus, M. H., & Kennell, J. H.　1976　*Maternal-infant bonding*. St. Louis: Mosby.（竹内徹・柏木哲夫（訳）　1984　母と子のきずな　医学書院）
厚生労働省　2017　保育所保育指針　厚生労働省告示
Meins, E., Fernyhough, C., Wainwright, R., Gupta, M. D., Fradley, E., & Tuchey, M.　2002　Maternal Mind-Mindedness and Attachment Security as Predictors of Theory of Mind Understanding. *Child Development*, **73**, 1715-1726.
文部科学省　2017　幼稚園教育要領　文部科学省告示
村田孝次　1990　児童心理学入門（三訂版）　培風館
Onishi, K. H., & Baillargeon, R.　2005　Do 15-month-old infants understand false beliefs? *Science*, **308**, 255-258.
Perner, J., Ruffman, T., & Leekman, S. R.　1994　Theory of mind is contagious: You catch it from your sibs. *Child Development*, **65**, 1228-1238.
Premack, D., &, Woodruff, G.　1978　Chimpanzee problem-solving: a test for comprehension. *Science*, **202**, 532-535.
Rizzolatti, G., Fogassi, L., & Gallese, V.　2006　Mirrors in the mind. *Scientific American*, **295**, 54-61.（リゾラッティ, G.・フォガッシ, L.・ガレーゼ, V.　2007　他人を映す脳の鏡　日経サイエンス, **425**, 18-26.）
下條信輔　2006　まなざしの誕生──赤ちゃん学革命　新曜社
Sorce, J. F., Emde, R. N., Campos, J., & Klinnert, M. D.　1985　Maternal Emotional Signaling: Its Effect on the Visual Cliff Behavior of 1-Year-Olds. *Developmental Psychology*, **21**, 195-200.
高橋たまき　1984　乳幼児の遊び──その発達プロセス　新曜社

高橋たまき・小山高正・田中みどり他　1983　遊びにおける対人行動と対物行動の発達──その1　日本心理学会第47回大会発表論文集, 535.
高橋たまき　1996　遊びとしての変換　高橋たまき・中沢和子・森上史朗（共編）　遊びの発達学　展開編　培風館　pp.98-117.
上村　晶・天岩静子　2010　幼児の母親認知と他児に対する愛他的認知・愛他行動との関連性　信州大学教育学部研究論集, **3**, 79-92.
臼井　博　1991　対人関係の発展　内田伸子・臼井　博・藤崎春代　乳幼児の心理学　有斐閣　pp.192-193.
横浜恵三子　1981　乳幼児におけるPeer-Relationの発達的研究　教育心理学研究, **29**（2）, 81-85.

コラム7　友達との遊びの変化

　幼児の友達との遊びについて，パーテン（Parten, M.）は保育所の自由遊び場面を観察して，友達とのかかわり方によって次のような6つに分類しました。
①ぼんやりしている（行動に加わらない）……その時々に興味のあるものを見ている。注意をひくものがなければ，ぼんやりしている。
②傍観的行動……他の子どもたちが遊んでいるのを見ている。話しかけたりするが，遊びに加わらない。ある特定の子どもたちの遊びに注意を向けている点で①と区別される。
③ひとり遊び……他の子どもたちの遊びとはかかわりなく，自分一人だけで遊んでいる。
④平行遊び……他の子どものそばで，同じようなおもちゃを使い，同じようなことをしているが，互いにやりとりすることはない。
⑤連合遊び……他の子どもと一緒に遊び，そこで行われている活動について会話のやりとりがある。誰と一緒に遊ぶか選ぶことはあるが，一緒に遊んでいる子どもに分業はみられない。
⑥協同遊び……何らかの目的のために一緒に遊ぶ。全体の動きが少数の子どもの指示や命令で決められ，役割分担がある。

　そして，上の6つが出現する頻度を年齢別に示しました（図）。6つの遊びの型がどの年齢の子どもに多いかわかります。

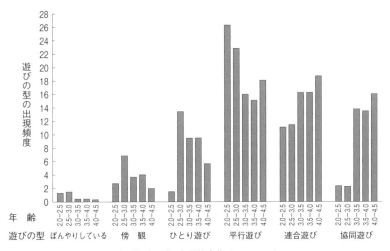

図　遊びの型の年齢的変化（村田，1990）

1歳1か月児(左)と1歳2か月児(右)

学びと発達

子どもは日々新しいことを学んでいます。「学び」についての心理学を生かして、保育者としてどんな支援ができるか考えてみましょう。

年齢あてクイズ ④
この子は生後何か月でしょう？

☞ **解答は 169 ページ**

記憶の発達

　何かを学習する際は，どんな形であれ記憶はつきものです。私たちは何かを覚えたり，思い出したりするという認知的な処理を日々何気なく行っていますが，乳幼児期の子どもではどうでしょうか。

1. 記憶の始まり

　乳児はいつごろから記憶することができるようになるのでしょうか。ファンツ（Fanz, 1961）による選好注視法（p.38 参照）は乳児の記憶を測定する方法でもあります。乳児は，2つの刺激を提示したとき新しい刺激を古い刺激より長く注視するということが報告されていますが，それは，もう古い刺激を記憶しているということを意味します。

　また，ロヴィーコリアら（Rovee-Collier et al., 1980）は，生後2,3か月の乳児のベビーベッドの上にモビールをとりつけ，乳児の片方の足首とリボンで結

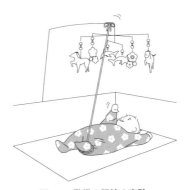

図 4-1　乳児の記憶の実験

び、足を動かすとモビールが動くようにしました。乳児が足を動かすとモビールが動くという関係（随伴関係）を学習した後、しばらく時間をおいてからもう一度この実験を繰り返しました。これから、生後3か月の乳児も1週間ほどは随伴関係を覚えていたということがわかりました。人は発達のごく初期から記憶する力をもっているといえます。

2. 記憶の容量

　記憶は、一般的に、短期記憶と長期記憶の2種類からなると考えられています。短期記憶は情報を**リハーサル**（何度もくり返すこと）しないと数十秒という短い時間しか情報を貯蔵できません。リハーサルされた情報は長期記憶に入り、この情報は失われることはないと考えられています。この考え方は、記憶の2重貯蔵モデルといって、情報が貯蔵されるという側面から扱ったものです。

　短期記憶の容量は、成人の場合、7プラスマイナス2（Miller, 1956）といわれます。幼児の場合は、数字ならば2歳から3歳にかけて2つから3つに増え、5歳ころに4つの数が記憶できるようになり、文字の記憶容量は、4歳ころに数語からなる文で少し長い文は8歳ころに10以上と増えます（上原, 2008）。このように、年齢が進むにつれ短期記憶の容量は徐々に増えていきます。近年は、情報の貯蔵という側面だけでなく、情報を積極的に処理する点に注目して、短期記憶は、仕事をする記憶すなわち**作業記憶**（ワーキングメモリー）ともよばれています。乳幼児では作業記憶は短期記憶との区別が難しく、主に成人を対象にその機能が盛んに研究されています。

3. 知識と記憶

　長期記憶は、**宣言的記憶**と**手続き的記憶**に分けられます。宣言的記憶とは、ことばで報告できる記憶のことで、手続き的記憶は、自転車の乗り方など体で覚える記憶のことです。宣言的記憶は、**意味記憶**と**エピソード記憶**からなり、意味記憶とは知識のことで、エピソード記憶は、「いつ、どこで何をしたか」という自分の経験に関係したことです。記憶できる量は記憶することをどのくら

いよく知っているかという知識によって異なります。心理学では，私たちの持っている知識はネットワーク構造であるという考え方があります。あることについてよく知っていると，それらの事柄同士がうまくまとまり，関連づけられています（体制化）。チーら（Chi & Koeske, 1983）は，恐竜についてよく知っている4歳半の男児の恐竜の知識をうまく引き出して，知識の構造を探っています。よく知っている恐竜とあまり知らない恐竜では，よく知っている恐竜について，体制化が進んでいることが報告されています。

4. メタ記憶

メタ記憶とは，自分の記憶活動についての知識のことを指します。たとえば，自分がどのくらい覚えられそうか（自己モニタリング）や，目標どおり覚えるためにはどうすればいいか（自己調整）というようなことの理解が含まれています。子どもに絵カードを見せて，その後そのカードを隠し，子どもに絵を思い出すことができるかどうかを尋ねる実験があります（Kail, 1990）。初めは1枚から始まり，1回ごとに絵カードの枚数を増やしていって10枚になると打ち切ります。図4-2は，学年ごとに予測された再生数と実際の再生数の両方を示してあります。この図から，就学前の子どもは予測された再生数と実際の再生数とのずれが大きいことがわかります。就学前の子どもは自分の記憶でき

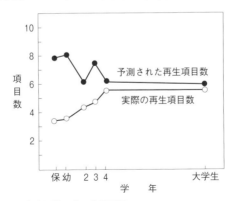

保＝保育園児，幼＝幼稚園児

図4-2 学年別の予測された再生項目数と実際の再生項目数（Kail, 1990）

る範囲を理解することは難しいようです。

　このようなメタ記憶は幼児期から児童期にかけて発達し，小学校低学年の間に自分の記憶する量を正確に言えたり，どうすればうまく覚えられるかということも理解するようになります。

5. 幼児の記憶の特徴

　私たちは幼児期の出来事で思い出せることはあまりありません。幼いころの出来事を忘れてしまうことを**幼児期健忘**といいます。幼児期健忘が起こる理由として，言語，自己認識，時間概念などいくつかの認知的要因の未発達のためと考えられていますが，はっきりとはわかっていません。

　上原（1998）は，1歳から4歳までの乳幼児を対象に，再認（過去に見たかどうかの判断）ができるようになる時期とエピソード記憶との関係を検討しています。絵カードを見せて，過去に見たことがあるかどうかを尋ねると，3歳以下では質問には合わない反応をしたり，見ていない物も含めて全部「見た」と報告する傾向が認められています。また，エピソード記憶を報告し始めるのは再認できる時期より早く，2, 3歳であること，その時期は，初語の時期と関連することが見出されています。ただし，2, 3歳のエピソード記憶の報告は，現実に起こったこととは異なり，人から聞いたり，テレビや写真で見たことを自分の体験として語ったりする連想が含まれているという間違いがみられます。

　幼児期のエピソード記憶は，被暗示性が強いことも報告されています。実際には起こらなかったことを，たとえば大人が「ライオンがいたよね」と聞くと，「うん，こわかったよ」など，あたかも実際あったかのような返事をすることがあります。しかし，5歳くらいになると，「いなかったよ」としっかり答えられるようになります。3, 4歳以前のことが思い出せないという幼児期健忘はエピソード記憶の成立やその内容とも関係しているかもしれません。

事例　数字を見て「トーマス！」
　機関車トーマスのシリーズが大好きな3歳男児。いろいろな機関車が出てくるたびに「あっ，○○だ！」と正しく言い当てます。ある日，数字を見て「イチ，ニ，サン」ではなく機関車の名前を言うので不思議に思ってお母さんに尋ねると，車体に書かれた数字を機関車の名前とセットで覚えてしまったのだそうです。

■ 考えてみよう

1. 思い出してみましょう。自分の一番古い記憶は何ですか？　それは何歳ころのことですか？
2. A君もB君も3歳児。A君は「きのう，ディズニーランドに行ってミッキー見たよ」と保育者に報告しました。するといっしょにいたB君も「ぼくもディズニーランドに行ったよ」と言いました。しかし，B君の母親によるとB君はディズニーランドには行っていません。B君は一見うそをついているように見えますが，あなたなら，B君に対し，どう答えますか？

2 学びのしくみ

1. 学習とは

　私たちの行動には，もともと持って生まれた本能に基づくものと，学習されたものとがあります。目の前にいきなり車が走ってきたらパッとよけるのは本能的な行動ですが，車が来ないか左右を注意して見るという行動は学習によるものです。また，私たちは泳ぐことができるようになると，しばらく泳がなくても泳ぎ方を忘れることはなく，その技術は相当長い間持続します。学習とは，このように，経験によって生じる比較的持続する行動の変容のことをいいます（p.3, 19も参照）。さらに，学習は行動だけでなく，ものの見方や考え方などの価値観の形成にも関与しています。

　保育者は子どもが様々なことを学習する過程で援助や指導，そして適切な学習ができるような環境整備を行います。この節では，学習がどのようになされるのか，その仕組みについて考えます。

2. 条件づけによる学習

（1）古典的条件づけ

　ロシアの生理学者パブロフ（Pavlov, I. P.）は，犬の唾液分泌の実験を行っているときに，餌を運んでくる助手の足音を聞いただけで，まだ餌が出されていないにもかかわらず，犬が唾液の分泌をすることに気づきました。そして，図4-3のような実験装置で，空腹の犬に「ベルの音と同時に餌を与える」ことを何度も繰り返したあとで，「餌は出さないでベルの音だけ聞かせる」ようにして

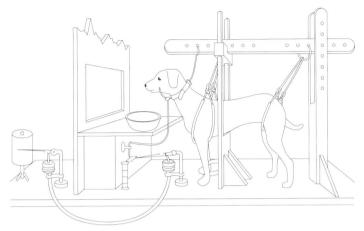

図4-3 古典的条件づけの実験

も唾液の分泌が起きたことを確かめました（Pavlov, 1927）。食べ物を食べるときに唾液の分泌が盛んになるのは本能的な反応です。このときの食べ物を「**無条件刺激**」，唾液の分泌を「**無条件反応**」といいます。そして，この犬は「ベルの音」を聞いただけで唾液分泌という反応を起こしましたが，こちらの反応は「ベルの音」という「**条件刺激**」に対して起きたという意味で「**条件反応**」とよばれます。犬は「ベルの音－唾液分泌」という新しい組み合わせを学習したことになるのです。こうした学習の仕方を**古典的条件づけ**といいます。私たちが梅干しやレモンを想像しただけで唾液の分泌が増えることも，これで説明がつきます。また，たとえば「恐怖心」や「不安感」のような不快なものを何か楽しくて快適なことと結び付けて克服しようとする心理療法にも，この条件づけの考え方が応用されています。

(2) オペラント条件づけ

よく，「子どもは褒めて育てよ」ということが言われます。なぜでしょうか。それを説明するのが**オペラント条件づけ**の考え方です。この理論はスキナー（Skinner, B. F.）によるスキナーボックスの実験がもとになっています（図4-4）。初めてスキナーボックスに入れられた空腹のネズミは，脈絡なく動き回ったり嗅ぎ回りながら箱の内部のいろいろなものをかじったり触れたり引っか

106　4　学びと発達

図4-4　スキナーボックス

いたりします。実はスキナーボックスは、バーが押されたときにだけ、餌皿に餌が出てくる仕掛けになっています。最初はバーが押されるのは偶然にすぎません。しかし、この実験を何度も繰り返すうちに、ネズミの行動は次第に整理され、最終的にはスキナーボックスに入るとすぐにバーのところに行き、自発的に前足で押し、餌を食べるようになります（Skinner, 1938）。

このように、特定の行動の後に「ご褒美（**報酬**）」が与えられることがはっきりすると、人でも動物でもその行動を、他の行動よりも高い頻度で行うようになります。逆に、ある行動の後にとても嫌な結果（**罰**）が伴うことがわかれば、その行動の生起頻度は少なくなっていきます。心理学では、報酬や罰を与えることを「**強化する**」といい、報酬や罰のことを「**強化子**」とよびます。友達のおもちゃが欲しいけれど我慢したら褒められた子どもは、次に同じような場面でも我慢できる可能性が高くなります。友達のおもちゃを奪い取って、厳しく叱られた子どもは、次に同じような場面でもいきなり奪い取るようなことはしない可能性が高くなると考えられます。ただし、罰の与え方については次に述べるように、注意が必要です。

1）罰の効果

クラス全員が静かに保育者の話を聞かなくてはいけない場面で、騒いでその場を乱す子どもがいるとします。この子が騒がないで静かに座っていられるようにするために、騒いだら叱ることにします。そうすると、叱られることは罰

にあたるので，徐々に騒がなくなっていくはずです。ところが現実には叱っても一向に効果がみられないことがよくあります。実は，罰というのは最も適切なタイミングで最も適切な強度のものを与えないと効果が持続しないとされています。そして，罰を与えられた直後は行動が減少しても，時間が経つと罰の印象が薄れてしまうため，罰がエスカレートしてしまうこともあります。さらに，大人の方は叱っているつもりでも，子どもはそれを自分への注目ととらえ，叱られることがむしろ報酬になってしまっている場合や，罰を与える人を嫌いになってしまう，などの問題があることがわかっています。

2) オペラント条件づけの応用―シェイピング―

発表会で複雑な振り付けのダンスを子どもたちに習得してほしいとします。最初から完璧に踊れるはずはありません。まずは，望む動きに少しでも近い動き，たとえば「腕を伸ばす」ができたら褒めます。子どもは褒められた動きを覚えて，繰り返すようになるでしょう。次は「常に腕をまっすぐに伸ばして指先を見る」など，要求水準を少しだけ高めて，それができたら褒める」ということにします。子どもはこれまで以上のことをしないと褒めてもらえないのですが，急に高いレベルを要求されたわけではないので，これも繰り返すうちにできるようになります。このように，新しい行動や複雑で難しい行動を獲得させるために，目標までの段階を細かく区切って少しずつ目標に近づけていくやり方を「**シェイピング**」といい，一段ずつ**スモールステップ**で進めていきます。学習が成立するためには，目標までの段階が適切に構成されているかどうかが重要になります。

3) オペラント条件づけの応用―応用行動分析―

ある行動の学習は，その行動の後に与えられる強化だけでなく，行動を起こす前の環境の中に，どのようなきっかけや手がかりがあるかということにも影響されます。そこで，学習してほしい行動を増やすには，その行動がより出やすくなるようなきっかけや手がかり（先行刺激）を工夫すると同時に，行動の結果が好ましくなるような強化を与えるとよいと考えられます。行動の前後にある環境要因を操作して望ましい行動を増やし，望ましくない行動を減らそう

とする「応用行動分析」の手法が発達障害をもつ子どもの支援を中心として広く用いられています。

3. 観察学習（モデリング）

　人間の学習は，これまで述べてきた条件づけだけで行われているのではありません。ここで取り上げる**観察学習（モデリング）**とは，学習者自身が直接経験（行動）したり，強化を与えられなくても，他者（モデル）の行動を観察するだけでそれを学習してしまう現象のことです。

　「学ぶことは真似ること」ということばを聞いたことのある人は多いと思います。実際，子どもは親やきょうだい，友達や先生の真似（模倣）をしながら様々なことを学んでいきます。ただ，真似（模倣）は「見たことを直接やってみる」ということで，観察学習とは少し意味が違います。

　よくあげられる観察学習の例として，事故が起きて多くの人が救助活動をしているのを目撃した人は，次に自分がそうした事故の場面に遭遇したときに同じように救助活動をする確率が高まる，というものがあります。子どもの場合だと，生まれて間もない弟や妹が泣くと，すぐ母親がやってきてあやすのを見ていた子どもが，次に赤ちゃんが泣いたときに自分も母親と同じように声をかけてあやそうとする，などがあります。また，子どもの多くはテレビ番組のヒーローやヒロインが好きです。そこで保育者は，「ピーマンを食べると，○○みたいに強くなれるよ！」とか「お友達に譲ってあげたら，△△みたいにかっこいいよ！」などと声をかけることがあります。さらに，望ましくない学習の例として，心理学では有名なバンデューラ（Bandura, A.）たちの実験があります。バンデューラたちは，大人やアニメのキャラクターがおもちゃや人形に攻撃的な行動をしている様子を子どもに見せた後で，同じおもちゃのある部屋での子どもたちの様子を分析したところ，攻撃的な行動の割合が高くなったという結果を出しています（Bandura et al., 1963）。

　観察学習の成立には，モデルへの注意力やモデルの行動の意味を理解する力，また，見たことを記憶する力など広範囲な能力が関与しています。観察学習は，人間の持つ高い認知能力によって行われる学習といえるかもしれませ

ん。保育者は，子どもにとって格好の観察学習の対象でもあります。時には観察してほしくないところを観察されてしまうこともありますが，一方で「口で言って聞かせる」ということよりも「行動で示す」ことで，子どもが自然に様々な事柄を学ぶよう導いていくことが可能です。

■ 考えてみよう

1. あなたには，何か「怖いもの」はありますか？ もしあるとしたら，それはどのように学習されたものでしょうか。
2. あなたの行動の中から，条件づけや観察学習により学んだ例をあげてみましょう。
3. 幼児が「おはよう」「さようなら」などの挨拶ができるようになるためは，どのような先行刺激（その行動が出やすくなるようなきっかけや手がかり）があるとよいか考えてみましょう。また，その際の適切な強化の与え方についても考えてみましょう。

おもちゃが持てました（2か月児）

3 やる気と環境

　ここでは，人はなぜ食事をするのか，なぜ遊ぶのか，なぜ勉強をするのか等，人が行動を起こすのはなぜなのかを考えます。食事をすることや勉強することを人に始めさせる，お腹が空いているから，成績が悪くなると叱られるからといった理由を動機とよびます。人を行動へと駆り立てるこの動機について考えることは，生き生きとした「やる気」のある子を育てることにつながるのです。

1. 内発的動機づけと外発的動機づけ

　人間の行動には，食べること，飲むこと，寝ることのように，空腹，のどの渇き，眠気等がおさまるといった具体的な報酬が伴っているものがたくさんあります。一方，遊ぶこと，見ること，聞くこと，考えること，何かを操作することのような，その行動をすること自体が楽しくてやりたくて仕方がないものもあります。後者のように自分の目や耳や頭を使うことは，ご褒美が何もないにもかかわらず，それ自体が楽しくて活動しているので内発的に動機づけられた行動とよびます。これに対して前者のように空腹なので食べる，お金を稼ぐために働く等の行動は，食べること，働くことに具体的な報酬があるので外発的に動機づけられた行動とよびます。人間の場合は，人から褒められることもご褒美になるので，褒められるための行動は**外発的動機づけ**による行動と考えられます。

　算数が嫌いだったけれども，大好きな先生に褒められようと勉強していたら，いつの間にか得意科目となって算数の問題を解くこと自体が楽しくなってきたとします。このような場合，外発的動機づけによっていた算数の勉強が，内発的に動機づけられるように変化したと考えられます。外発的に動機づけら

れた行動がいつの間にか内発的に動機づけられているということは日常でもよく起こります。

　内発的動機づけによる行動こそが,「やる気」に満ちた行動ということになります。誰かが褒めておっぱいをくれるわけでもないのにあちこち見たくてたまらない生後2～3か月の赤ちゃん,目に悪いからと止められてもゲームをやり続けようとする幼児,知恵の輪を解こうと夢中になっている大人など,その姿は誰が見ても「やる気」にあふれています。

2. 自己効力感

　人を行動へと駆り立てる動機について,過去 – 現在 – 未来の時間軸の流れの中で考えるとき,「やる気」とよばれる次の行動への意欲が問題になります。
　自分はある特定の課題への取り組みについて,行動を自分自身で決定しており,その課題について自分は周りの求めに応じて適切に対応しているという確信をもっているとき,その確信を**自己効力感**とよびます。この自己効力感の高い人は,その課題について「やる気」のある人に見えますし,実際に「やる気」があると思われます。
　自分の好きな課題や,やりたい課題については自然に「やる気」が出るのですが,それ以外の課題についても「やる気」が出るようにしたいという望みが私たちにはあります。好きではない課題,やりたくない課題についての自己効力感を高めるために,どのように周りの環境を整えるかが難しいのです。ある人がある課題に取り組む際,どのような環境なら自己効力感が高くなるかを考える必要があるわけです。

3.「やる気」を育てる環境づくり

　図2-9（p.38）にあるように,生後2～3か月の赤ちゃんでも単純な図形よりも複雑な図形を好んで見ます。また第3章第1節（p.73）で説明したように,赤ちゃんは母親に対して基本的信頼感を抱くようになると,母親を安全基地として周囲の探索へと向かいますが,この探索への動機は**知的好奇心**とよば

れます。大学生に，食事とトイレ以外は何もしないでじっと横になって安楽に過ごしてもらうと，その状況に長くは耐えられなかったという報告もあります（Bexton et al., 1954）。ちょっと聞くとそれ以上幸せな状況はないのではないかと感じられる，刺激が何もない環境は退屈すぎて大きな苦痛となったのです。感覚的な刺激がきわめて少ない状況で過ごす実験に参加した大学生は，高額な謝礼が支払われるにもかかわらず，その状況に3日以上耐えることができなかったという結果は，人間がもともと刺激や変化を求める動物だと語っているのでしょう。

　マズロー（Maslow, 1943）は，人間の行動を動機づける欲求を5つの階層に分類しました。一番下が「生物的動機」，その上が「安全と安定を求める動機」，その上に「愛情と集団への所属を求める動機」，そして「尊敬・承認・成功への動機」，最上位に「自己実現の動機」をあげています。一番下の「生物的動機」は，生命を維持するための欲求が動機となっているもので，下の欲求が充足されると，より高次な欲求が現れると述べています。これは，動機相互の関係，相対的な強さについての説明と考えることができます。この他に第2章第4節（p.53）にある達成動機をあげる人もいます。「やる気」は，これらの動機によって選ばれた行動を始めるにあたって，その時その時に発揮されるものなのです。

　ある課題について「やる気」のみなもとである自信を育む環境として，田中（1993）は，子ども一人ひとりにとって，難しすぎず易しすぎず，子どもが何度か繰り返していけば必ず達成できる課題を準備することが必要と述べています。そして，環境の中にさりげなく，しかし子どもの興味をかきたてるように課題を提示し，子どもがその課題をやるかやらないかを自分の意志で選択できることが望ましく，さらに子どもがその課題を行うことによって，その結果を他者から評価されない非評価的雰囲気の中で提示されている必要があるとしています。子どもがその課題に取り組んで成功したときに，その喜びを子どもとともに感じあうことは大切ですが，褒め過ぎると，褒められたくてやることになってしまうので気をつけなければなりません。

■ 考えてみよう

事例
Dちゃん（5歳）の保育園は，担任の先生の前でなわとびの二重跳びが連続10回できたら，ご褒美をもらえることになっています。何回も何回も練習し，やっと1回できました。うれしくてしかたがありません。それからまた何日も練習してずいぶん上達しました。自信がついたDちゃんは先生に見てもらいました。ところがなかなか練習のときのように順調に跳べません。クラスの友達から「今度は大丈夫だよ」と励まされて，Dちゃんはまた特訓しました。特訓の次の日，先生の前で1回，2回，3回，4回とできると，友達も集まってきて「ガンバレ！」と応援してくれました。9回，10回！ やっとできました。「よくがんばったね」と先生が言ってくれました。Dちゃんは本当にうれしそうです。

1. この事例をよく読んで，Dちゃんのなわとび練習の外発的な動機は何か考えてみましょう。また，内発的動機は何かも考えてみましょう。
2. 逆に，さあ勉強しようと机に向かっているときに「成績が上がったらご褒美をあげるからがんばって勉強しなさい！」と言われた場合，内発的に動機づけられて始めた行動は，ご褒美によってどうなると思いますか。

【引用文献】

Bandura, A., Ross, D., & Ross, S. A. 1963 Imitation of film-mediated aggressive models. *Journal of Abnormal and Social Psychology*, **66**, 3-11.

Bexton, W. H., Heron, W., & Scott, T. H. 1954 Effects of decreased variation in the sensory environment. *Canadian Journal of Psychology*, **8**, 70-76.

Chi, M. T. H., & Koeske, R. D. 1983 Network representation of a child's dinosaur knowledge. *Developmental Psychology*, **19**, 29-39.

Fantz, R. L. 1961 The origin of form perception. *Scientific American*, **204**, 66-72.

Kail, R. 1990 *The development of memory in children*. 3rd ed. New York: Freeman. （高橋雅延・清水寛之（訳） 1993 子どもの記憶―おぼえること・わすれること― サイエンス社）

Maslow, A. H. 1943 A theory of human motivation. *Psychological Review*, **50**, 370-396.

Miller, G. A. 1956 The magical number seven, plus or minus two: Some limits on our capacity for processing information. *Psychological Review*, **63**, 81-97.

Pavlov, I. P. 1927 *Conditioned reflexes*. Oxford Uniceersity Press.（林　髞（訳） 1938 条件反射学　三省堂）

Rovee-Collier, C. K., Sullivan, M. W., Enright, M., Lucas, D., & Fagan, J. W. 1980

Reactivation of infant memory. *Science*, **208**, 1159-1161.
Skinner, B. F. 1938 *The behavior of organisms: An experimental analysis.* Appleton.
田中幸代　1993　子どもの自信　祐宗省三（編著）　教育・保育双書7　教育心理学　北大路書房　pp.169-177.
上原　泉　1998　再認が可能になる時期とエピソード報告開始時期の関係—縦断的調査による事例報告—　教育心理学研究, **46**, 271-279.
上原　泉　2008　乳・幼児の記憶　太田信夫・多鹿秀継（編）　記憶の生涯発達心理学　北大路書房　pp.21-30.

ワニをこわがる満2歳児

5 生涯発達と発達援助

発達心理学は，受精から死までという人の生涯を対象とします。保育に携わる方にも，幼児が児童，青年と成長していく姿を理解することは必要です。老年までの一生を見渡したとき，幼児期という人生の一時期はどんな意味を持つのでしょうか。この章では，発達を生涯の視点からとらえ，子どもがどういう発達の過程にあり，どういう援助が必要かを考えてみましょう。

年齢あてクイズ ⑤
この子はいくつでしょう？

☞ **解答は 169 ページ**

# 発達段階と発達課題

　人の生涯はいくつかの**発達段階**に分けることができます。表5-1は，ピアジェ（Piaget, J.）の認知発達（第2章第3節参照）と**フロイト**（Freud, S.）と**エリクソン**（Erikson, E. H.）の人格発達の段階を表したものです。フロイトは**精神分析**の創始者として知られています。フロイトの人格発達の段階は，自我が性的な欲求など本能的な欲求をどうコントロールしていくかという視点に立っているので，**心理・性的発達論**とよばれます。一方，エリクソンは，フロイトの説をもとにしていますが，社会との関係を重要視していることから，**心理・社会的発達論**とよばれます。エリクソンは出生から死にいたるまでの人のパーソナリティの発達を8つの段階に分けています。

　各発達段階には，たとえば，生活習慣の面では3歳までには自分で排泄ができるようになってほしいなどというように，この時期にはこの課題を達成してほしいと思う課題があります。エリクソンは，表5-1に示すように，8つの段階それぞれに心理社会的な発達課題を示しています。各段階で，課題の解決にむけて成功と失敗の両面を経験し，その危機を乗り越えて望ましい心理的特性を獲得していくことが**発達課題**です。たとえば，乳児期の課題は，信頼感対不信感です。この時期は信頼感を獲得するという肯定的な側面と不信感を抱くという否定的な面の両方を経験して適度なバランスを得て，次の段階へ進みます。この考え方を**漸成説**とよびます。エリクソンの発達段階説から，人は心の肯定的な面だけでなくネガティブな面も経験することで成長することがわかります。

　また，**ハヴィガースト**（Havighurst, 1972）は，発達課題には，①身体の成熟から生じるもの，②文化の圧力から生じるもの，③個人の欲求や価値から生じるものがあり，多くの場合はそれらの組み合わせであるとしています。発達に

表 5-1 生涯の発達段階

段階	年齢期間	認知的段階（ピアジェ）	心理・性的発達論（フロイト）	心理・社会的発達論（エリクソン）
乳児期	誕生から約18か月まで	感覚運動期	口唇期	信頼 対 不信
幼児初期	約18か月から約3歳まで	前操作期	肛門期	自律 対 恥，疑惑
幼児期後期	約3〜6歳まで		エディプス期	自発性 対 罪悪感
学童期	約6〜12歳まで	具体的操作期	潜在期	勤勉性 対 劣等感
青年期	約12〜20歳まで	形式的操作期	性器期	同一性 対 同一性拡散
成人期	約20〜45歳まで			親密さ 対 孤独
中年期	約45〜65歳まで			生殖性 対 停滞
老年期	約65歳から死まで			統合 対 絶望

おける社会の中での経験と教育の効果を重視しているといえます。たとえば，表5-2は，ハヴィガーストの乳幼児期の発達課題です。日本の現代の子どもたちに当てはまる課題もありますが，彼の時代のアメリカ社会における期待される幼児像が浮かび上がります。

エリクソンやハヴィガーストの発達課題が示すように，人が社会の中で成長するものである以上，発達課題は個人の属する社会，文化的な期待を含みます。目の前の子どもが持つ身体的，心理的な課題と社会で期待される課題とどういう一致やずれがあるかを考えることは大切です。以下の節では，各発達段階をみていきます。

表 5-2 ハヴィガーストによる幼児期の発達課題

1. 歩行の学習
2. 固形食摂取の学習
3. しゃべることの学習
4. 排せつの仕方を学ぶ
5. 性差および性的な慎みを学ぶ
6. 社会や自然の現実を述べるために概念を形成し言語を学ぶ
7. 読むことの用意をする
8. 善悪の区別を学び，良心を発達させはじめる

■ 考えてみよう

現在の日本の社会では、幼児期にどういう発達課題があると思いますか。ハヴィガーストの発達課題と比較しながら考えてみましょう。

コラム 8　チャイルドビジョン（幼児視界体験メガネ）

　幼児の視界は、大人とは大きく異なります。目の高さが違うだけでなく、水平方向（大人 150 度，幼児 90 度），垂直方向（大人 120 度，幼児 70 度）の視野が異なるため、大人に見えているものが幼児の目には入らないのです。実際、チャイルドビジョンをのぞいてみると、「とても狭い」「横が見えていない」「足元も見えていない」ことがわかります。そのため走っている幼児同士がぶつかることもよくあります。また、幼児は一つのものに注意を向けると周囲のものが目に入らなくなる傾向があります。したがって、安全のためには大人が細かい注意を払わなければなりません。

　東京都福祉局のサイトから、子供家庭→乳幼児の事故防止と災害対策→東京都版チャイルドビジョンへいくと、チャイルドビジョンの作り方が掲載されています。子どもの安全のために是非一度，体験してみてください。

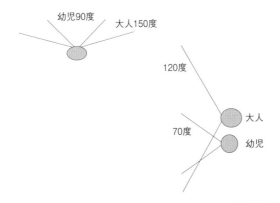

胎児期および新生児期

1. 胎児期

　出生前の時期を胎児期（胎生期）とよびます。狭義には細胞期，**胎芽期**，**胎児期**にわけられます。

（1）細胞期

　人のからだの細胞の核には，22 対の常染色体と 2 本の性染色体の合計 46 本の染色体があり，その一部に遺伝情報を持っています。精子と卵子は減数分裂によりそれぞれ 22 本の常染色体と 1 本の性染色体を持っています。女性の胎内で排卵した卵子は，卵管膨大部で精子と出会い，受精が起こります。44 本の

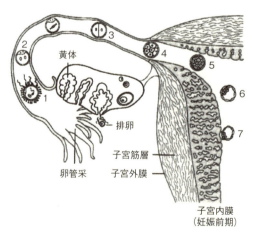

図 5-1　排卵から着床に至るプロセス（荒木，2008）

常染色体と2本の性染色体を持った細胞になった受精卵は，卵管内で細胞分裂を開始します。受精卵は分裂を繰り返しながら卵管の繊毛の波打ちと卵管の筋収縮によって子宮に向かって前進します。受精卵が肥厚した子宮内膜に沈下することが着床です（図5-1参照）。受精から着床まで6～7日ですが，この過程に何らかの異常があった場合妊娠は成立しません。

(2) 胎芽期

妊娠の成立から8週までを胎芽期とよび，器官形成が不十分でヒトとしての外観をまだ完全に示さない時期を指します。この時期は，中枢神経系や心臓，手足が形成される時期で，ウイルスの感染や薬物，放射線などの影響を受けやすく，異常が生じた場合は大きな形態異常の可能性が高くなります（図5-2参照）。たとえば，よく知られている先天性風疹症候群やサリドマイドによる四肢の形態異常はこの時期に起こります。妊娠に気がつかないままニコチンなど人体に有害な薬物等を摂取することがないように注意が必要です。

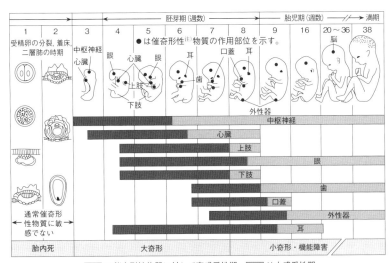

注）胎児に奇形を生じさせる性質のこと

図5-2　人の発生と器官の形成時期（森川，2009）

(3) 胎児期

　人の外観と生命機能を示す胎生9週以降（妊娠3か月）から出生までを胎児期とよびます。14週（妊娠4か月末）くらいで胎盤が完成に近づき，母体にとっても胎児にとっても安定した時期になります。この時期は，薬物などの感受性は低くなりますが，胎児アルコール症候群といって妊婦の長期にわたる飲酒により中枢神経系に異常が生じることがあります。妊娠中の母親は健康管理に十分な配慮が必要です。近年，超音波断層装置によって映像で胎児の様子を観察することができるようになり，妊娠中の異常を早期に発見することができるようになりました。

　同時に，胎児のいろいろな動きも明らかになっています。胎児は，脳が未発達な段階である8週目ごろから自発的に動き始めます。13,14週から吸啜運動や嚥下運動により出生後お乳を飲む練習を，その後，羊水を飲みこんで吐き出す呼吸様運動をして出生後の呼吸運動の練習をしています。五感（視覚，聴覚，嗅覚，味覚，触覚）の形成も進んでいきます。発達が最も早いのは聴覚で，在胎24週ころには聴覚器官がひととおり完成し，胎児は母親の腹壁を通して外界の音が聞こえるようになります。

2. 周産期

　在胎28週の妊娠後期から生後1週までを周産期とよびます。在胎37週未満で出生した子どもを早産児，37週から42週未満での出生を満期産児，42週以上での出生を過期産児とよびます。体重が2500グラム以下で誕生した子どもを低出生体重児とよび，必要とみとめられれば保育器の中で感染予防，保温，呼吸，影響管理などが行われます。

　周産期には，不安定な気分になる母親もいます。抑うつ気分や涙もろさ，不安という精神面と頭痛や疲労感といった身体的症状が現れ，マタニティブルーズ症候群とよばれます。多くは，出産数日から2週間以内に発症し，数日間で自然に消滅するといわれています。一方，産後うつ病は，マタニティブルーズとは別の病的状態であり，出産後数週から数か月で発症し，頻度は10%～15%程度と報告されています（永田，2011）。気分が落ち込み，睡眠障害が継続して

みられ，育児や家事に支障をきたしたりします。産後うつ病の症状は，1年以内に3分の2が回復，2年目には90％回復するといわれていますが，早期に安定した母子関係を築くためにも予防は大切です。保健師などの専門家の早期の訪問など産後うつ病の予防にむけて社会的な支援が必要とされます。

3. 新生児期

出生後の4週間を新生児期とよびます。生まれたばかりの赤ちゃんの感覚器官は十分に発達していますが，体温を調節する力が未熟なため，室温や衣類での体温調節が必要となります。

新生児は，昼と夜の区別がついていない状態で，ほぼ3時間サイクルで睡眠と覚醒を繰り返します（図5-3参照）。そのため，母親は睡眠不足になりがちで，周囲の精神的な支えと協力が不可欠です。しかし，生後1か月半ごろから夜5時間以上眠ることができるようになり，母親は精神的にも肉体的にも楽になります。

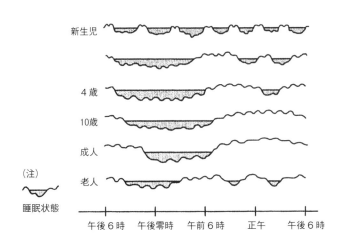

図5-3　睡眠時間の経年的変化（大熊，1977）

生まれたばかりの赤ちゃんには，原始反射がみられます。原始反射とは，生得的な行動様式で，進化の過程で生存のために必要な行動様式だったと考えられています。原始反射はいろいろな種類があります（表2-1，p.32参照）。この原始反射は生後2,3か月から大脳の発達とともに次第に消えていきます。最近では，赤ちゃんは，環境からの刺激によって反射的に動くだけではなく，自発的な運動もしているとの指摘もされています（小西，2003）。この自発的な運動は，胎児期から引き継がれているものです。

■ 考えてみよう
1.「胎教」は親の関心を引きつける言葉です。どんな胎教が話題になっているでしょうか。また，胎教の効果についても調べてみましょう。
2. 胎児期に母親として気をつけなければならないことは何でしょうか。

8か月児にじゃまされる3歳10か月児

3 乳幼児期

　乳幼児期は，誕生から就学前の時期を指します。身体的にも精神的にも生涯の中で胎児期を除いて発達が最も著しい時期であり，親や教師など周りの大人を含めた環境の影響を強く受け，人間としての土台ができる時期といえます。この時期は，子どもにとって安全で安心できる環境を整えてやることが必要となります。

1. 乳児期

　誕生から1年間を乳児期とよびます。この時期は，1年間で身長が1.5倍，体重が3倍になり，視覚や聴覚などの感覚もめざましく発達します。運動機能も，生後4か月ころまでには首がすわり，5か月くらいから様々な手足の動きをし始めます。

　これらの身体発達や行動の発達は，子どもの持つ生得的な要因によるものですが，周りの大人との親密なやりとりの中でさらに促進されます。

　赤ちゃんは，生存のためのいくつかの武器をもって生まれてきます。そのひとつはまるくかわいらしい容姿です。この容姿で大人を引きつけます。加えて，抱いてくれる人の顔をじっと見たり，ほほ笑んだりして大人を魅了し，これによって，大人はさらに赤ちゃんを守り育てようと強く動機づけられます。ボウルビィ (Bowlby, 1969) によれば，養育者の近くにいて安全をもとめる行動システムを愛着といいますが，乳児期は愛着を基盤に様々なことを学んでいくことができます（第3章第1節参照）。愛着は特定の養育者との間で形成されます。保育所保育においても担当保育者がかかわることで，安定した愛着を形成することができ，子どもは安心して過ごすことができます。

2. 幼児期前期（1歳から3歳ごろ）

　この時期には，歩行ができ，言葉も話せるようになり大人とコミュニケーションがとれるようになります。また，保育者の助けを借りながらも食事や排泄や衣服の着脱などの身の回りのことが徐々にできるようになります。
　身体の発育に伴い，幼児は歩行が安定し，移動する範囲が増えていきます。生活のいろいろなことが少しずつ自分でできるようになっていきます。成長しつつある身体の機能を使おうとするためには，子ども自身の好奇心に加え，環境に積極的に働きかけたくなるような周囲の環境の役割も大切になってきます。保育者の子どもへの働きかけや魅力的なおもちゃ，行動を促すことばかけなどが重要になってきます。
　2歳から3歳にかけては，自己の意識も芽生え，自己主張も強くなっていきます。保育者は子どもに危険がないように環境を整備することに気をつけなければなりません。時には子どもの行動を制止する必要がでてきますが，これは，子どもが自分の欲求が通らないときもあること，周りに何らかのルールがあることを知るために必要です。
　3歳近くになると，仲間と遊ぶことが楽しくなってきます。ことばをうまく使いながら仲間とのやりとりも学んでいきます。この時期で最も大切なことは，信頼できる大人と一緒に安心して生活することです。信頼できる大人とは親とはかぎりません。親が何らかの原因でうまく養育できない場合は，保育所などの集団保育の場での保育士との愛着の形成が重要になってきます。子どもは，信頼できる大人の存在があってこそ，仲間とのやりとりを含めた日々の様々な学習をすることができます（第3章第1節参照）。

> **事例　ママから離れられないA子**
> 　A子は幼稚園の3歳児クラスに入りました。入園から半年がたっても母親が帰ろうとすると必ず泣きます。入園したころは母親も帰ることができず，しばらくはA子のそばにいて，6月になっても外から心配そうにうかがっていました。A子は2か月間泣きどおしでした。

3. 幼児期後期（4歳ごろから6歳まで）

　この時期の重要な課題は，基本的生活習慣の自立です。衣服の着脱や排せつなどを自分で行い，食事や運動と休息の規則正しい生活習慣を身につけることが大切です。

　この時期は認知的な発達が著しい時期です。4歳ごろには心の理論が発達し，相手の立場で物事を考えることができるようになります。このような認知的な発達は，遊びを通して行われていきます。仲間といざこざがあっても，仲間の思いをくみとり，仲間と折り合うことを学んでいきます。たとえ一時的に不快な気分になっても，子どもは信頼できる大人や仲間の援助でまた元気に気をとりなおして遊び始めることができます。

　5歳後半ごろになると，さらに認知的な発達がすすみ，自分が何をしているのか，どんな結果になるのかというように自分の行動を振り返り，調節できるようになります。仲間とは遊びのイメージを共有して，様々な役割のある複雑な遊びを展開することができるようになります。下記の5歳児クラスの事例にもあるように，子どもは想像の世界（虫歯つくりの世界）と現実の世界（タイヤを埋める）を自由にあやつることもできるようになります。保育者としては，子どものイメージが膨らむようなことばかけや用具を用意してあげることで，さらに遊びを刺激的で興味深いものにすることができます。

> **事例　3歳児クラスでのことばかけ**
> 　保育所の3歳児クラスでの1コマです。登園後，保育室内にブロックや絵本，ままごと道具などを広げて遊んでいた子どもたちに，保育者が「そろそろ片づけよう」と声をかけ始めました。その声を聞いて片づけ始めた子どもたちもいましたが，まだ遊び続ける子，走りまわって騒ぐ子，あげくには片づけようとした物の取り合いが起きたりなど騒然とした雰囲気がおさまりません。その様子を眺めていた保育者は，「さくら組のみんな，これから壁忍者に変身！」と大きな声でよびかけて，自分自身が部屋の壁を背にしてさっと張り付きました。保育者のそばにいた子がすかさず続き，それを見た子どもが次々と壁に張り付いて，あっという間にそこにいた全員が壁忍者に。保育者は全員の目が自分に向いている事を確認した上で，「それじゃ，壁忍者がこれからお片づけの術をします！」と言って，手近にあるブロックを箱にしまい始めました。子どもたちも先を争うように片づけ始めました。

事例　5歳児クラスでの言葉かけ

保育者Tがツリー用の木を掘り出す作業をしているのを見て，年長組S・R・F〔ともに6歳〕・O〔5歳〕の4人がやりたがったので「じゃあ，ブランコのさくのタイヤを埋めてきてよ」と話すと「ようし，やるぞー」と走って行った。

タイヤを埋め込む位置に線を引き，そこを掘るよううながすと，1人ずつスコップを持って穴を掘り始めた。そしてタイヤを3つ埋め込んだところで，Sはブランコとその柵のタイヤ（図）を大男の口に見立てて，次のセリフを言ったことからごっこ遊びが展開した。

S：「これは大男の口だぞ，黒いから。ぼくたちは，いま，虫歯のこびとで，歯を虫歯にしてるんだぞ」
R：「そうだ，虫歯に黒いペンキを塗ってやれ！」（とタイヤに土をかける）
O：「大男が寝ているあいだに，みんな虫歯にしちゃうのね」
T：「それじゃあ，わたしは虫歯のミュータンスってわけ？」（子どもたちが日ごろ大好きな絵本と関係づける）
R：「ぼくは，虫歯のミュータンスの子ども」
F：「ぼく　ミュータンスのはかせ」（手は埋め込み作業を続けながら）
　　　　　　　　…
　　　　　　　　…
F：「あっ，歯ブラシがきた！」
S：「みんな，うがいでながされるぞ，みんな逃げろ！」（4人あわてて滑り台に登っていく）

滑り台の上で，口々に「だいじょうぶか」「おお」「あぶなかったな」というやりとりが続く。

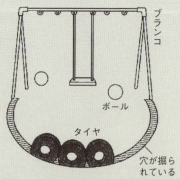

図　タイヤの埋め込み作業から始まったごっこ遊び（内田, 2008）

■ 考えてみよう

1. M男は1歳6か月ですが、まだ一人では歩けません。保育室での移動は主に、はいはいです。母親は他の乳児よりも発達が遅れているのではないかと尋ねてきました。あなたが保育士だったらM男の母親にどのような対応をしますか。（2章 p.32 の事例を参照すること）
2. 5歳児のK子は幼稚園では他の子どもに意地悪をしたり、いじめたりする問題児です。担任の先生が母親に家庭での様子を聞いてみると、「とっても良い子で、何でも素直に聞いてくれます」と言われました。担任の先生は、①K子がいじめたときに他の子の前で、②K子一人に対して、③母親に対してどういう対応をするべきだと思いますか。
3. ある保育所で4歳児クラスの担任の先生が「Pちゃんは、今日自分で考えて行動することができました。給食の前Pちゃんが雑巾を洗っていたら、水がはねてズボンを濡らしてしまいました。Pちゃんはすぐに着替えを取りに行って、ズボンをはき替えました。自分で考えて行動することができて、Pちゃんはとてもえらかったですね！」と言い、「皆さんは今日、何か自分で考えて行動することができましたか？」とクラスの子どもたちに問いかけました。
すると、クラスのあちこちで子どもたちがズボンを脱ぎ始めました。
①なぜ子どもたちは、ズボンを脱ぎ始めたのでしょうか。
②いつごろ自分で考えて行動するということばの意味を理解できるようになると思いますか。

10か月児（左）と9か月児（右）

4 児童期

　児童期とは，一般に小学1年生から6年生までの期間を指します。6年間の間に，子どもは心理的に，複数の段階を通過するといえます。小学校の低学年では，まだ幼児期の心理的特徴を残しています。中学年は体力もつき，集団で活動するようになり，最も児童期らしい時期です。高学年になると青年期の特徴を示し始めます。心身ともに発達のスピードが異なり，個人差が大きくなる時期です。エリクソン（Erikson, E. H.）によれば児童期は，学校で必要な技能を勤勉に学ぼうとする中で，自分に劣等感を抱いたりする時期です。

1. 幼児期から児童期の認知的発達

　ピアジェ（Piaget, J.）によれば，7歳ごろ，すなわち小学校の1,2年生は前操作期から具体操作期への移行期に当たります。子どもは，具体的な事物や事象が対象であれば，論理的思考が可能になります（第2章第3節参照）。具体的思考期は，系列化や数の保存や分類機能が発達してきます。11歳から12歳ころに**具体的操作期**から**形式的操作期**に移行し，抽象的な事物や事象に対しても論理的な思考をすることができるようになります。この到達段階は人によって異なりますが，小学校高学年になれば，論理的な思考という点では大人と同じ程度に発達するといってよいでしょう。

　社会の中のルールに対しての考え方も変化してきます。ピアジェは，表5-3のような話を子どもにして，そのあとどちらの行為が悪いかを判断させています。一般に，6,7歳くらいまでの子どもは大きな損害を起こした子ども（ここではジョン）の方が悪いと答えますが，8,9歳ころになると大部分の子どもは，意図によってその行為の善悪を判断するようになり，ヘンリーが悪いと答

表5-3 ピアジェが道徳判断に用いた話の実例 (村田, 1986)

> A
> ジョンという名の幼い子どもが自分の部屋にいる。彼は夕食のために呼ばれる。彼は食堂に入る。ところが，ドアのうしろに椅子があり，その上にコップが15個のった皿があった。ジョンはドアのうしろにそんなものが置いてあるとは知らなかった。彼は入ってくる。ドアが皿にぶつかる。15個のコップはとんで全部われてしまった！
>
> B
> ヘンリーという名の幼い子どもがいる。ある日，母親が不在のときに，彼は食器棚にあるジャムが欲しいと思った。彼は椅子に登り，手を伸ばす。しかしジャムはもっと高いところにあったので，手がそこまで届かず，ジャムは手に入らない。そのうえ，ジャムをとろうとしたときに，1つのコップをつきとばし，コップは下に落ちてわれてしまった！

えるようになります。この**道徳性の判断**は，行為の結果に基づいて判断する段階から，行為の動機に基づく判断への移行であり，「**他律**」から「**自律**」への移行ともいわれています。すなわち，ルールは変えられないものから変えられるものへと変化するわけです。このような道徳性の判断は，社会的な経験を積み重ねることで発達していきます。

2. 自己理解の発達

　小学校低学年では多くの子どもはいろいろなことに自信満々です。しかし，認知的な発達が進む児童期の半ばくらいから，自己を仲間と比較するようになります。その結果，**自己概念**が客観的になると同時に，**自己評価**が下がる子どもが増えることになります。谷・相良（2009）は小学校4年生から6年生までの自己評価を調査した結果，図5-4のような結果を得ました。これによると，「能力・特性」「運動」「外見」のどの領域でも自己評価は低くなっています。また，女子は，「外見」の面での評価が学年とともに低下する度合が男子より大きいことがわかります。成長するにつれ，女の子としてどういうタイプが魅力的とみなされるのか，社会的な価値に基づいて客観的に自分を判断するようになるためだと考えられます。

　また，この時期の子どもは，自己評価だけでなく，「自分はある行動をやり遂げることができる」という自信について個人差が広がってきます。バンデュー

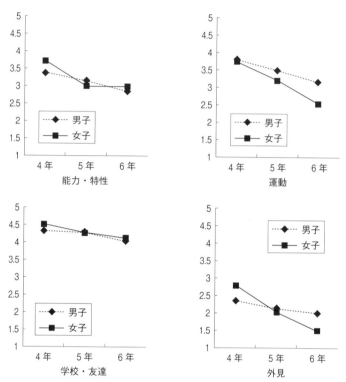

図5-4 「能力」「運動」「友達」「外見」における学年別・男女別自己評価得点の1項目あたりの平均
（谷・相良, 2009）

ラ（Bandura, 1977）は，こうすれば結果を変えられるという認知を**結果期待**とよび，そのために必要な行動を自分がとれるかどうかの自信を**自己効力感**とよびました。たとえば，毎日ドリルを1時間やれば試験で100点をとれると考えるのが結果期待で，1時間ドリルをやることができるかという自信が自己効力感です。どちらも高ければやる気が高まり，どちらも低ければ無力感に陥ることになるでしょう。結果期待は高くて自己効力感が低い場合は劣等感が高まることになります。

3. 9, 10歳の節目

　もともと聾教育の中で聾児の学力が伸び悩む時期として「9歳の峠」と表現されていました。一般の児童でも9, 10歳は，先に述べた認知的な側面，自己評価などで節目にあたるようです。田丸（2009）は，その社会認識の研究から「小学4年生ころを転機に，目に見える具体的な事象の背後に，物事の本質を見出すようなタイプの思考が出現するのである」と述べています。このころ，教育現場の教師も思考の面で質的な変化を感じる教師は多いようです。ピアジェによれば，数理的な論理をもとにした認知的な側面では具体的操作期から形式的操作期への移行期にあたりますが，このころから，次の質的に異なる思考へと行ったり来たりしているのかもしれません。

　認知的側面だけでなく，仲間関係においても，**ギャングエイジ**とよばれる同年齢の小集団がつくられ，大人の目の届かないところで活動することを好むようになります。子どもにとってこの仲間集団は大きな影響を及ぼすようになります。また，学業面では，より抽象的な内容の学習が出てくるようになり，学力の個人差が開いてきます。いろいろな意味で，児童期の中での転換期の一つであるようです。

4. 家庭と学校での支援

　児童期の生活の中心は学校です。学校での学習の評価は自分に対する評価の基本となります。特に教師は，子ども一人ひとりに対して適度な期待をすることが望まれます。小学校の高学年くらいになると，自分をある程度客観的に理解するようになるため，自己概念と異なるような期待をすると信頼をそこなうことがあります（桜井，2009）。

　学習面では，**自律的な学習**が効果をもたらすようになります。斉藤・相良（2011）は，小学校の5年生の算数計算の学習において，自分で次回の目標を決めさせてそれを達成したかどうかを評価させたところ，半年後には学習全般に対する自己効力感が増えていました。大切なことは，子ども自身に自分にあっ

た学習の目標を持たせたこと，その目標を達成した場合に教師は子どもをほめていたということでしょう。

　認知的には大人と同じ程度に成長しますが，この時期には親の影響力がまだ強く，家庭以外の生活にも影響を与えます。親の離婚問題，きょうだいの問題などで家庭の人間関係が安定していないときは，子どもも精神的に不安定になりがちで**学習に対する意欲**も落ちる場合が多くあります。このような時期は，子どもが信頼できる大人の存在が大切になってきます。親だけでなく教師や地域の人々など子どもを**支援する立場**の大人は，子どもの成長を見守る大切な役割を担っています。

■ 考えてみよう

1. 小学校1年生の最初の時期は，保育所や幼稚園と異なる環境の中で子どもたちが落ち着かない時期です。この時期の，教室で子どもが騒いだり歩きまわったりして授業が成り立たないというような問題を**小1プロブレム**といいます。幼稚園または保育所と小学校ではどんな点が違うか考えてみましょう。
2. 子どものころ，自分に自信がついたという経験はありますか？　それはどういうときだったでしょうか。思い出してみましょう。

入学式

5 青年期

　近代社会になり，一人前の社会人になるためには高度な教育が必要となり，青年期という子どもでもなく大人でもない発達段階が生まれました。心理学では，およそ12〜13歳から22〜23歳までの約10年間を青年期とよんでいます。これを学校制度と対応させると，中学生，高校生，大学生に相当します。青年期は，性的な成熟に向けた急速な身体的変化から始まるため，青年期の始まりを身体的変化に着目して**思春期**ともよびます。

1. 身体の発達

（1）身体の成熟

　小学校高学年から中学生にかけては，人間の一生の中で乳幼児期と並んで身長や体重が著しく増える時期です。このように青年期のはじめに内臓や生殖器，骨格を含めて体が著しく大きくなる現象を発育スパートとよびます。これは，脳からの指令を受け，性ホルモンの分泌が促されることによります。

　性ホルモンの影響によって，女子は皮下脂肪が増加し丸みを帯びた体つきになり，初潮をみますが，排卵機能が安定するためにはさらに数年かかります。男子は骨格や筋肉が発達し，声変わりをし，精通がみられ，性欲や性衝動も高まります。一般に，**第2次**[注]**性徴**の現れる順序は，男子が，変声，性毛の発毛，思春期の発育スパート，精通の順，女子が，乳房の発育，性毛の発毛，思春期の発育スパート，初潮の順です（図5-5）。女子の第2次性徴の出現は10〜11歳ごろ，男子は11〜12歳ごろで，女子は男子より1〜2年早い結果，小学校

注）第1次性徴とは，生殖器官の違いによる性の分化を指し，胎児期に起こります。

図5-5 第2次性徴の出現順序（玉田，1986）

高学年あたりでは女子の方が男子より平均身長が高く，大人びて見えます。

(2) 早熟と晩熟の違い

　第2次性徴の発現の時期は個人によって異なるので，特に小学校高学年から中学校までの間は，性的成熟の個人差が大きく広がります。男子では早熟は概して有利であるといわれています。男子の早熟者は，他の者より背が高く運動能力も高いことから，仲間からも大人からも評価が高く，それが自信を高め社会への良好な適応につながりやすくなります。一方，女子の早熟は，晩熟に比べて社会性が低く，落ち着きに欠けている反面，自信や社会的信望がある，というように一貫した傾向はないようです（斉藤，2002）。

　このように，身体的発達は，当人を囲む社会の評価をもたらし，それが青年の心理に影響するという面があることがわかります。

(3) 発達加速現象

　同年齢でみると，子どもの身長は親の世代にくらべて大きくなっています。このような人間の成熟や成長が，世代が変わるごとに促進されている現象を発達加速現象といいます。発達加速現象には2つの側面があり，身長や体重などの成長速度が速くなる現象を**成長加速現象**といい，初潮，精通のような性的成熟の始まりが早くなる現象を**成熟前傾現象**といいます。たとえば，成長加速現象については，戦後，一貫して世代が下がるにつれて身長が増加してきました。また，成熟前傾現象については，初潮を例にとると，西欧諸国で1860年代では初潮の平均年齢は16歳であったのが，100年後の1960年では，13歳まで早まっています。日本でも，戦後から現在に至るまで毎年初潮年齢が下がってきました。

このような発達加速現象は，栄養状態の改善や生活様式の西欧化，都市化にともなう刺激の増加などの様々な要因によって起こると考えられます。しかし，最近では発達加速の鈍化と早発傾向の停滞がみられるようになっています。

2. アイデンティティの確立

アイデンティティ（自我同一性）とは，エリクソンによると，「これこそ自分だ」という主観的な感覚を指します。この感覚には，自分らしく生きていること，そしてそれが同時に社会の期待にこたえているという経験とそれに伴う充実感が含まれます。子ども時代までの自己は，それまでの経験の中で受動的に形成されてきており，必ずしも自覚的なものではありませんが，青年に達したとき，それまでに積み重ねてきた自己の再検討を迫られ，自覚的，意図的に自己のあり方を再構成するようになります。そして，社会の中で自己の社会的位置と役割を確定していきます。家族の一員として，職業人として，男性あるいは女性として「自分とは何か」「自分はどういう人間になるのか」という問いに対する答えを見出していくのが青年期です。

エリクソンは，人生を8つの段階に分け，青年の課題として，アイデンティティの確立対アイデンティティの拡散をあげています（p.118 表5-1 参照）。自我同一性の確立を求めて職業や価値観を自分で選択し，自己決定しようとするとき，そこまでに到達するための模索は苦しいものです。模索に伴う動揺や不安に耐えられない場合は，自己決定を回避することになり，ますます自分についてわからなくなります。同一性を獲得し確立することを放棄することも起きてきます。これをエリクソンは拡散とよびました。このため青年期は，同一性の確立，あるいは拡散の危機の時代であるといわれています。

3. 恋　　愛

思春期に入り，性的な成熟が始まると異性への関心が増し，異性への接触を求めるようになります。恋愛が関心の的になってきますが，異性とのつきあい方も発達的な変化があります（松井，1993）。中学生では，あこがれの異性に

接触したい気持ちが強くなりますが、具体的にどのような行動をとればよいのかわからない場合が多いものです。高校生になると、中学生のころの漠然としたあこがれから、現実的で身近な異性へ目をむけるようになります。大学生から社会人になれば、相手を選ぶ基準が外見ではなく、信頼できるか、将来性があるかなど、内面的なところに価値をおくようになってきます。交際が深まると、相手を独占したい、いつまでも一緒にいたいという願望が強くなり、悩みも増えてきます。しかし、一方で、信頼できる恋人の存在は親しい友人と同じように、それまでの自己や重要な他者との関係を見直したりして成長するきっかけになることもあります。光元・岡本（2010）は、幼少期に母親と信頼関係を結ぶことのできなかった青年が、親しい友人や恋人から見守られているという安心感を得て、発達課題に取り組むことができるようになることを示唆しています。

なお、近年の日本では性規範がゆるくなったことに加え、携帯電話などのパーソナルな情報機器が普及したことにより、恋愛の進展で性的な関係をもつ時期が早くなっています（片瀬, 2007）。早い段階での性教育が必要とされています。

■ 考えてみよう

> **自分を「恋愛依存症」とよぶ中学3年生の事例**
> 　A子は、中学1年生から今にいたるまで、次々と年上の男性と付き合ってきました。ある男性を好きになると、いつか見捨てられるのではないかという不安にさいなまれ、勉強に集中できないと言います。A子の実母はA子が幼いころ父親と離婚し、まもなく来た継母にはうとんじられてきたとA子は感じています。

① A子が恋愛に依存してしまう背景にはどういうことがあるでしょうか。
② A子に対する支援としてどういうことが考えられますか。

 # 成人期以降の課題

　かつては成人期以降は肉体的にも精神的にも衰退していく時期と考えられていました。しかし，心理的な側面での成長は，人生後半のこの時期にも続きます。成人期には，結婚，職業生活などで転機が起こりますが，近年，ライフスタイルが多様化し，結婚しない，子どもを持たないという人生を選ぶ者も出てきました。しかし，ライフスタイルが多様化しても，中年期には人生の後半を考え，自分を見つめ直すという課題に誰もが直面します。発達の最終段階の老年期は，人がそれまで生きてきた人生の集大成をする時期ともいえます。日本では，寿命がのび，老年期はますます長くなっており，個人的にも社会的にも重要な段階といえるでしょう。

1. 初期成人期

　人生の模索期である青年期を経て，経済的にも精神的にも自立した個人として社会の中で生きていくことで成人期が始まります。仕事を通して他者と支え合い，また，性的パートナーと相互的な信頼を分かち合い，家庭を築く時期でもあります。エリクソンはこの時期の課題を，「親密さ」を獲得することであると考えました。「親密さ」とは，自分の何かが失われているという恐れを感じることなく自分のアイデンティティと他者のアイデンティティを融合する能力を指します。この時期の危機は孤立であり，親密さを避けることです。しかし，同一性の確立後に親密さが成立するというのは主に男性にいえるようです。女性の場合は青年期の課題である同一性の確立と親密性が同時に進行していくケースも報告されており，男性とは異なる成長が考えられます。

2. 中年期の身体的変化

　多くの人にとって中年期は身体的にも精神的にも最も充実している時期ですが，40歳を過ぎるころには髪は白くなりはじめ，体力の衰えを感じ始める時期でもあります。図5-6は，体力テストの変化を示したものです。20歳台から30歳台をピークに低下していきます。しかし，これも個人差があり，運動をし

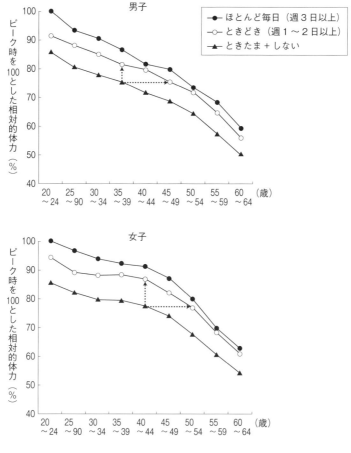

図5-6　年齢段階別の運動・スポーツの実施頻度と体力の相対的比較（文部科学省，2009）

ている人とそうでない人の行動体力差は開いていきます。若いころから運動と食事に留意して中年期以降の人生を豊かに過ごすことが大切になってきます。

3. 中年期のアイデンティティの危機

　ユング（Jung, C. G.）は，40歳ごろに始まる中年期を「**人生の午後**」とよびました。若さや能力の減少という事実を受け入れ，自分の人生や目標を振り返って再検討しなければならない時期だとしています。また，エリクソンは，中年期の課題を「生殖性」としています。これは，次の世代を担う子どもだけでなく，芸術品や，文化などを援助したり指導したりすることも含まれます。それを避けてしまうと，成長せず，義務に縛られて停滞に陥ってしまうことになります。このように，中年期は，これまでの人生前半期を省みて，次世代への橋渡し役として残りの人生に取り組むことが課題といえます。

　エリクソンの時代では，青年期にアイデンティティを達成し，その後の成人期ではそのアイデンティティを自己の中核として生きていくものとして考えられてきました。しかし，今日では，長寿化やライフサイクルの多様化によって成人期でも自分らしい生き方やアイデンティティの模索がみられるようになってきました（岡本，1997）。たとえば，子どもが独立したために母親役割を失い，空虚感を募らせる**空の巣症候群**という状態に陥るという危機もありますが，同時に，この時期は，自分の生き方を見直して後半の人生の課題をみつける好機ともいえるでしょう。

4. 老年期

　一般に，老年期の始まりは65歳とされます。老年期は職業生活や子育てからの解放も同時だったのですが，最近では，平均寿命が延び，健康で活動的な高齢者が増えてきたために，前期（65歳〜75歳）と後期（75歳以上）に分け，前期は労働や子育てなどの社会的責任から解放され新しいライフスタイルを持つ時期とし，後期を昔からの老年期と考えます。また，老年医学ではさらに超高齢者（85歳または90歳以上）と3期に分類しています。しかし，健康状態

や生活のあり方にはますます個人差が広がり、発達段階の境目としての年齢は目安でしかありません。この時期をどう生きるか、という点でも、それまでの人生をどう生きてきたかに影響されることから、個人により異なります。

(1) 身体と精神の変化

　一般的に、生理的機能の衰えは30歳ころから始まっています。機能の低下は、臓器や組織によってそのスピードは異なっています。図5-7は、神経、呼吸、循環機能について30歳を100とした時の低下率を示したものです。神経伝導速度や基礎代謝率は穏やかに低下していきますが、心拍数や肺活量などの低下率が大きいことがわかります。また、視覚、聴覚、味覚嗅覚、触覚といった感覚機能も加齢とともに衰えていきます。特に聴覚の衰えはよく知られており、65歳以上では女性よりも男性の方が高音域で損失が進むことがわかっています（Spoor, 1967）。

　このように、身体的機能は確実に衰えてきますが、精神的機能はどうでしょうか。多くの人にとって、このような身体的な衰えや病気と向き合うことが避

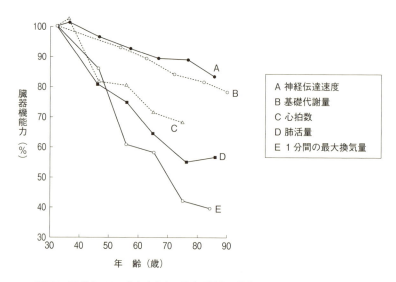

図5-7　30歳を100％としたときの諸生理機能の推移（亀山, 1976から一部修正）

けられなくなりますが，自分の老化や自分にとって大切な人たちの死に直面し，それを受け入れていく過程で，精神的に成長するともいえます。

バルテス（Baltes, 1987）は，「**知恵**」に注目しています。知恵とは，「人生における重大な問題を解決する能力」であるとして，知恵は加齢につれてのび，老年になっても衰退しないと仮定しています。バルテスらは，年齢を重ねた結果得られる知識やスキルという意味での熟達性や熟練が知恵を支える重要な要因だと考えています。知的な面だけでなく，それぞれの人生の中で多くの苦難を乗り越えたうえでの知恵は，人生を深めるものとなるでしょう。

(2) 老年期の課題

エリクソンの説では，人生最後の発達段階の課題は統合性です。これまでの人生を振り返り，たとえ思うようにいかなかったとしても，その人生に意義と価値を見出すことができれば，死の訪れを受容することができます。しかし，そうでなければ絶望感の中で晩年を過ごすことになってしまいます。たとえ自分の存在はなくなっても，子どもや後継者に引き継がれていくという人類の継続性を感じることが重要です。

(3) サクセスフル・エイジング

近年では高齢者の増加に伴い，老化に適応し，積極的に充実した老後の生活を送るサクセスフル・エイジングが注目されています。サクセスフル・エイジングの指標のひとつとして，**主観的幸福感**があります。主観的幸福感とは，自分の人生や生活に対して抱いている満足感で，たとえ客観的に幸福でなくとも充実した人生という印象を個人にもたらすものです。老年期の人々の主観的幸福感に影響を及ぼす要因について検討した研究によると，健康状態が良好であること，社会経済的な不安がないことに加え，家事や雇用，余暇活動，生涯学習などの社会的活動が重要であることが見出されています（中谷, 1997）。社会的活動での充実感は，自分が社会の中で役にたっているという認識から生まれるものです。

幼稚園や保育園では，高齢者と交流する会が設けられたり，高齢者がボランティアで保育の現場に入っていることもよく見かけるようになってきました。

親の世代は仕事で多忙であるために，高齢者の助けを得ることが必要になっているという面もあります。高齢者が子どもと交流するというのは，新しいことではなく，まだ都市化が進む前の日本でよくみられた風景です。子どもは社会の中で育ち，高齢者も社会の中で生きます。子どもとの交流をはじめとする地域での活動への参加を促すことで，高齢者の中には自分の役割を見出し，充実した人生を生きるきっかけになる人もいます。

■ 考えてみよう

私たちは多くの人々に支えられて今ここにいます。現在まであなたと一緒に驚き，喜び，泣いた人々とのかかわりを文章にまとめてみましょう。

■ 参考書

Evans, R. I. 1967 *Dialogue with Erik Erikson*. New York: Harper & Row.（岡堂哲雄・中園正身（訳） 1981 エリクソンは語る──アイデンティティの心理学 新曜社）
波多野完治 1967 ピアジェの児童心理学 国土社
本郷一夫（編） 2007 発達心理学 保育・教育に活かす子どもの理解 建帛社
無藤 隆 2003 保育・教育ネオシリーズ 発達の理解と保育の課題 同文書院
岡本祐子 1999 女性の生涯発達に関する研究の展望と課題 岡本祐子（編） 女性の生涯発達とアイデンティティ 北大路書房

【引用文献】

荒木 勤 2008 最新産科学──正常編 文光堂
Baltes, P. B. 1987 Theoretical propositions of life-span developmental psychology: On the dynamics between growth and decline. *Developmental Psychology*, **23**, 611-626.
Bandura, A. 1977 Self-efficacy: Toward a unifying theory of behavior change. *Psychological Review*, **84**, 191-215.
Bowlby, J. 1969 *Attachment and loss*. Vol.1. *Attachment*. New York: Basic Books.（黒田実郎他（訳） 1976 母子関係の理論I 愛着行動 岩崎学術出版社）
Erikson, E. H. 1963 *Childhood and society*. New York: W.W. Norton.（仁科弥生（訳） 1977 幼児期と社会I みすず書房）
Harrison, L. J., & Ungerer, J.A. 2002 Maternal employment and infant-mother attachment security. *Development Psychology*, **38**, 758-773.
Havighurst, R. J. 1972 *Developmental tasks and education*. David McKay.（児玉憲典・

飯塚裕子（訳）　1997　ハヴィガーストの発達課題と教育　川島書店
亀山正邦　1976　老人の神経機能　太田邦夫・村上元孝（監修）　神経と精神の老化　医学書院
片瀬一男　2007　青少年の生活環境と性行動の変容　日本性教育協会　「若者の性」白書──第6回青少年の性行動全国調査報告
小西行郎　2003　赤ちゃんと脳科学　集英社新書
松井　豊　1993　セレクション社会心理学　恋ごころの心理学　サイエンス社
松沢哲郎　2011　想像するちから──チンパンジーが教えてくれた人間の心　岩波書店
光元麻世・岡本祐子　2010　青年期における心理的居場所に関する研究──心理社会的発達の視点から　広島大学心理学研究, **10**, 229-243.
文部科学省　2009　平成20年度体力・運動能力調査結果について　報道発表
森川昭廣（監修）　2009　標準小児科学　第7版　医学書院
村田孝次　1986　児童心理学入門　培風館
永田雅子　2011　周産期のこころのケア　親と子の出会いとメンタルヘルス　遠見書房
中谷陽明　1997　高齢者の主観的幸福感と社会参加　下仲順子（編）　現代心理学シリーズ──老年心理学　培風館
岡本祐子　1997　中年からのアイデンティティ発達の心理学──成人期・老年期の心の発達と共に生きることの意味　ナカニシヤ出版
大熊輝雄　1977　睡眠の臨床　医学書院
斉藤誠一　2002　自分の体は自分のものか　ベーシック現代心理学──青年の心理学　有斐閣
斉藤信子・相良順子　2011　目標や結果を記録する活動が自己効力感に及ぼす影響──小学校高学年の児童を対象に　聖徳大学児童学研究所紀要, **13**, 25-33.
桜井茂男　2009　自ら学ぶ意欲の心理学　有斐閣
Spoor, A.　1967　Presbycusis values in relation to nois-induced hearing loss. *International Audiology*, **6**, 48-57.
玉田太朗　1986　少年期のからだの変化　本間日臣・丸井英二（編）　青少年の保健Ⅰ　放送大学教育振興会
田丸敏高　2009　9, 10歳の節　心理科学研究会（編）　小学生の生活とこころの発達　福村出版
谷　俊一・相良順子　2009　児童期における自己認知の側面に対する自己評価と自己受容感との関係　聖徳大学児童学研究所紀要, **11**, 67-74.
内田伸子　2008　幼児心理学への招待──子どもの世界作り（改訂版）　サイエンス社

コラム9 保育園の入所時期はいつがよい？

　平成10年度の厚生白書において，「3歳児神話には，少なくとも合理的な根拠は認められない」と述べられてから10年以上経ち，最近では，「3歳までは母親の手で」育てなければならない，という3歳児神話を信奉する人は少なくなってきました。しかし，保育園に子どもを預けて働きに出たいが，いつごろが良いかという母親からの相談は多いものです。この場合，多くの母親は自分の就労の子どもへの影響を不安に思っているようです。

　母子間の愛着に関していえば，母と子どもの愛着が安定しているかどうかは，出産前の母親の態度と母親の仕事への復帰のタイミングであり，母親の就労自体は関係がないという報告（Harrison & Ungerer, 2002）があります。その研究によると，母親が5か月以内に職場に復帰した場合の方が，それ以降復帰した場合より母子間の愛着は安定していました。

　松沢（2011）は，人間の親子関係を動物と比較しています。それによると，①哺乳類：母乳を与える，②霊長類：子が母親にしがみつく，③真猿類：母親が子を抱く，④ホミノイド：お互いに見つめあう，⑤人間：親子が離れ，子が仰向けで安定していられるという特徴があり，この順で進化とともに変化していったと述べています。人間は子どもが親から離れることで，人間らしい他者とのかかわり，物とのかかわりが生まれたと松沢は言っています。人間は誕生と同時に「人の間」で育つことを考えれば，1歳の誕生日前に親以外の複数の大人から育てられても人としては自然に近い状態なのかもしれません。

発達援助と評価

保育者の仕事は発達を援助・支援することといってよいでしょう。保育者自身が自分の保育を振り返り，評価することが適切な発達支援につながっていきます。

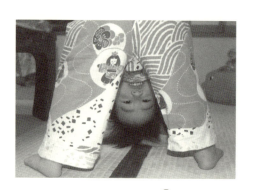

年齢あてクイズ ⑥
この子はいくつでしょう？

☞ **解答は 169 ページ**

発達援助の意義

1. 適切な発達援助とは

　第5章までみてきたように，人の生涯にわたって続く発達には成熟の色合いの強いものもありますが，どの発達段階にあっても，その人のその段階における様々な状況に対する外からの働きかけ，援助が大きな意味を持つこと，また，**発達援助**の具体的な内容は，発達段階に応じて変わってくることがわかりました。さらに，同じ発達段階にあっても，個人差を考慮して，その子ども，あるいはその人の状態に即した働きかけが行われてこそ援助となることもわかりました。そして，人はその働きかけや援助をただ受動的に受け入れて，さし示された方向を向くのではなく，与えられた援助を土台に，その人自身がそれまでに培った内的な機能・構造の特性を生かして主体的に自分を変化させるものでもあることもわかりました。保育や教育は，ひとの主体的・能動的な変化を導き支えるものでなくてはなりません。

　援助は，過剰なものになるとその人の力を摘んでしまうことになり，不足すると，その人自身の持つ力が引き出され表に現れることなく終わってしまいます。最適なタイミングで，最適な援助を行うことができれば理想的ですが，実際には保育者の働きかけ以外にも子どもを取り巻く環境には無数の要因がひしめいています。そのような中で，最適の援助というものを考える際にレディネスや**発達の最近接領域**の概念が有効です。

(1) レディネスを見逃さない

　第2章第1節でもふれましたが，レディネスとはある学習がスムーズに成立

するために必要な，心身の発達の準備状態のことです。
　トイレットトレーニングについて，次のような悩みをもつ母親の相談例を取り上げてみます。

> **事例　トイレットトレーニングに関しての母親の育児相談**
> 　次男は，もうすぐ3歳半になります。来月から幼稚園に通うことになっていますが，まだおむつが取れません。実は，3歳までには自分で出来るようにさせたいと思い，2歳半ごろからトイレの練習を始めたのですが，私が「おしっこに行こう」と誘っても「まだ出ない」と言ってトイレに行きたがらず，結局おもらしをしてしまうということの繰り返しで，私もつい小言を言ってしまいした。実は，次男は運動や言葉の発達がやや遅く，一度発達センターで相談した時に同年代の子どもより1年近い遅れがあると言われ，現在は親子で通う遊びのグループに週1度通い，そこでは友達と喜んで遊んでいます。1日中トレーニングパンツで過ごしており，トイレにはやはり行きたがりません。どうしたらよいでしょうか。

　多くの育児書などには，一般的な発達の目安として排泄は3歳ごろに確立すると出ており，トイレットトレーニングを2歳半ごろから始める親が多いのですが，実は単に年齢だけを基準にすると，トレーニングを一生懸命行ってもなかなか排泄が自立しないことがあります。
　排泄が自立するには，まず尿を膀胱に一定時間（2時間以上）ためておけるようになっていること，歩けること，言葉で尿意を知らせることができるようになっていることなどの条件が整っている（レディネスができている）と，トレーニングがスムーズに進むとされています。逆に，まだその状態になっていないのに訓練を課しても，なかなかおむつがはずれないばかりか，親子ともどもストレスを抱え，親子関係の悪循環に陥ってしまうことすらあります。上の育児相談の例では，たとえば言語面の発達をもう少し待ってからトイレットトレーニングを始めたら，また違った経過があったかもしれません。
　また，文字の読み書きや数の理解といった知的な側面における早期教育に関しても，レディネスの概念をもとに考えると，答えは一通りではないでしょう。
　保育者にとっては，一人ひとりのレディネスを見極めるということが大切になってきますが，そのためには，日頃の子どもの観察を十分に行い，その子どもの表面的な発達だけでなく，潜在的な発達の状態を把握しておくことが何より重要です。

（2）発達の最近接領域

　子どもが新しい知識や技能を獲得する際，自分の力だけでできる場合と，自分の力だけではできないけれど周囲の人に少し援助してもらえばできる場合とがあります。**ヴィゴツキー**（Vygotsky, L. S.）は「発達の最近接領域とは自主的に解決される問題によって規定される子どもの現下の発達水準と，大人に指導されたり自分よりも知的な仲間との共同の中で解決される問題によって規定される可能的発達水準との間の隔たりである」と言い，「発達の最近接領域」という概念を提唱しました。

　自分の力だけでできることと，援助があるとできることの間にある「ずれ」，このずれの範囲のことを**「発達の最近接領域」**とよぶのです。

　ここに2人のA，Bという子どもがいて，2人ともまだ鉄棒の前回りができません。そこで，鉄棒の握り方や，足で地面をけるタイミングなどを保育者が教えたところ，Aはすぐに上達し，1か月後には逆上がりもできるようになりましたが，Bの方は1か月後にようやく前回りがスムーズにできるようになりました。前回りができない時点での2人の力，すなわち自分の力だけでできることの程度は同じにみえました。しかし，援助によってAは次の段階の技まで進めたのに対し，Bは前回りをマスターするにとどまりました。Aの鉄棒の能力に関する発達の最近接領域の方が，Bの最近接領域よりも広かったということになります。したがって，今後の保育者の働きかけや援助はAとBとでは当然異なるものでなければなりません。

　保育や教育の営みは，一人ひとりの子どもの，様々な側面における発達の最近接領域を適確にとらえ，働きかける（＝援助する）実践であるといってよいでしょう。子どもには，「自分の力でやり遂げた」という経験が必要です。また，「励まされたから頑張れた」という経験も必要です。したがって，保育者には，あえて働きかけをせず，見守る方がよいか，あるいは援助の仕方を工夫して子どもの自己効力感をそこなわないような働きかけをすべきかを適宜判断しながら，一人ひとりに即した発達援助を行っていく必要があります。

2. 要発達支援児への支援を考える

　個人に対して発達の援助が行われる場合，その個人の特徴をつかむ，すなわち個人差をとらえる方法として，心理学では従来から統計的な標準化の手続きを踏んで作成された，**知能検査**や**性格検査**などの心理検査が用いられてきました。

　子どもに心理検査が必要とされるのは，認知面や言語面の発達の遅れの疑いがあって客観的に現状を知りたいと考えたときや，性格，行動上に難しいところがあり，その子どもをどのように理解したらよいのかについての手がかりが欲しいときなどです。心理検査を行うにあたっては，何を知りたいのか，何のための検査なのかという目的を明確に持っていることが大切です。

　表6-1に，子どもによく使われる検査をあげました。

　このように，いろいろな種類の検査があり，結果は**精神年齢（MA）**や**発達年齢（DA）**，**知能指数（IQ）**や**発達指数（DQ）**，そしてプロフィールなどとして示されます。どの検査が，この子どもにとって必要かを考え，1種類だけでなく複数の検査を組み合わせた**テストバッテリー**という形で検査を行うのが理想的です。

　さらに，検査結果の数値や図表がその子どもの全体像を表していると考えるのは危険です。検査でわかることは，その子どもの一部であるということを忘れてはいけません。そのうえで，得られた結果を発達援助に結びつけていくにはどうしたら良いか考えます。

　発達障害をもつ子ども，その疑いのある子どもを，個別の支援が必要であるという意味で要発達支援児とよぶことがあります。例として，KIDSという発達のチェックリストを使用した，要発達支援児へのアプローチをみてみましょう。

1 発達援助の意義　153

表6-1　よく使われる発達検査・知能検査

	検査名	特徴	適用年齢
発達検査	新版K式発達検査2020	姿勢・運動領域、認知・適応領域、言語・社会領域の3つの領域の発達状況と、全体的なバランスを見ることができる。	0歳～成人
	乳幼児精神発達診断法	保護者などが運動、探索、操作、社会、食事・生活習慣、言語の各領域の計438項目の質問に答える形式。	0歳～7歳
	KIDS（キッズ）	運動、操作、理解言語、表出言語、概念、対子ども社会性、対成人社会性、しつけ、食事の領域から発達をとらえる。質問紙形式。	0歳～7歳
知能検査	田中ビネー式知能検査V	総合的な一般知能を測定する。MAおよびIQを算出する。児童相談所や療育機関などで広く使用されている。	2歳～成人
	WPPSI-Ⅲ知能診断検査	二部構成になっており、2歳6か月～3歳11か月では、4つの基本検査の実施で「全検査IQ（FSIQ）」「言語理解指標（VCI）」「知覚推理指標（PRI）」を、5検査の実施でさらに「語い総合得点（GLC）」を算出できる。4歳0か月～7歳3か月では、7つの基本検査の実施でFSIQ、VCI、PRIを、10検査の実施でさらに「処理速度指標（PSI）」とGLCを算出することができる。	2歳6か月～7歳3か月
	WISC-V知能検査	言語理解指標、視空間指標、流動性推理指標、ワーキングメモリー指標、処理速度指標の5つの指標得点と、全体的な認知能力を表す全検査IQを算出でき、個人内差が診断できる。	5歳～16歳11か月
	日本版KABC-Ⅱ心理・教育アセスメントバッテリー	認知尺度と、習得尺度から成り、それぞれ11と9の下位検査がある。継次処理能力、同時処理能力、計画能力、学習能力、流動性推理や結晶性能力など幅広い能力を測定できる。	2歳6か月～18歳11か月

KIDSを使用した例

　この検査は、保護者など子どものことをよく知っている人に、運動、操作、理解言語、表出言語、対子ども社会性、対大人社会性、しつけ、食事といった領域ごとに用意されている質問項目に「明らかにできる」「過去においてできていた」「やったことはないがやらせればできる」と思う項目には○を、「明らかにできない」「できたりできなかったりする」「やったことがないのでわからない」と思う項目には×をつけてもらいます。各領域には22～37項目の質問が用意されており、結果として図6-2のようなプロフィールが得られます。

　これは、3歳半の保育所に通っている女児のプロフィールです。この子は2

歳になってすぐに保育所に通い始めて約1年半が過ぎましたが，集団行動がなかなかとれません。言葉は3語文以上で話すことができますが，好きなことを一方的にしゃべることが多く，保育者は気持ちの共有のあるやりとりができているという実感が持てないでいます。家庭では，この子はことばの発達はやや遅めながらも語彙は順調に増え，人から言われたことも理解できているように感じられていましたが，家族にとっても何かコミュニケーションが成立しにくく，会話をしようとしてもこの子が一方的に言いたいことを言って終わってしまうことがしばしばあったということです。3歳児健診で相談し，その後医療機関を紹介されて，自閉傾向があるということを医療機関から言われました。KIDSは健診のときに，母親が記入したものです。その結果とプロフィールが図6-1, 6-2です。

図6-1　KIDSの表紙（財団法人発達科学研究教育センター，1991）

1　発達援助の意義　155

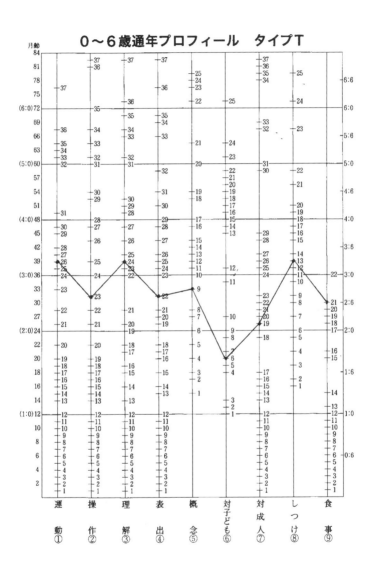

図6-2　KIDSのプロフィール例（財団法人発達科学研究教育センター，1991）

プロフィールをみると,「対子ども社会性」の面が他の面に比べて落ち込んでおり,それより少し発達年齢は高いものの「対成人社会性」の面も2歳前半台であることがわかります。また,「操作」の領域も下がっており,手を使ってする細かい作業などが苦手なようです。一見してプロフィール表に凹凸が感じられ,発達のアンバランスが疑われます。保育者や家族が感じているこの子の特性がある程度反映されているプロフィールです。

次の段階として,この子の持っている力をさらに詳しく分析するために個別の発達検査や知能検査を行い,直接やりとりをしながら反応の様子を見る必要がでてきます。

その結果,社会性・コミュニケーションの面の発達が他に比べて遅れていることがわかったとします。遅れている部分を伸ばそうとするのがよいのか,こうしたプロフィールそのものがこの子だととらえて,落ち込みの部分のみに注目するのではなく,より広い視点で援助の視点を探すのがよいのか,援助には正解がひとつというわけではありません。保育者が必要だと感じることと,保護者の願いがすれ違うことがあります。保育者が親の気持ちを汲むことなく,保育者の側からだけの見方を通すことのないよう,援助の視点や方法を定めるとき,その子どもだけではなく,その子どもの保護者の状況や家族環境なども含めて考えていくことが望ましいでしょう。

■ 考えてみよう
1. 乳幼児が次にあげることを獲得するにあたって,どのようなレディネスが必要だと思いますか。
    ①独力で歩く
    ②ご飯をスプーンですくって口に入れる
    ③家で1時間程度の留守番ができる
    ④ことばを話す
    ⑤ひらがなを書く
2. 本文中で紹介されている3歳半の女児に対して,あなたならどのような発達支援を行いたいと考えますか。

コラム 10　個別の支援計画

　2007年4月から，それまでの特殊教育にかわって特別支援教育が学校教育法に位置づけられ，すべての幼稚園，学校において障害のある幼児，児童，生徒の支援を充実させていくことになりました。その中で「個別の指導計画の作成と遂行」が重視されています。支援の必要な子どもに「アセスメント→目標の設定→目標達成のための手立てを考える→手立ての実践→指導の評価（アセスメント）」の手順を繰り返しながら，きめ細かく発達支援を行っていくものです。

　図（次ページ）は鹿児島県教育委員会が作成した個別の指導計画シートです。そして，これは担任一人が行うものではなく，園や学校全体で取り組むことが必要です。

1歳6か月児　指差し

図　鹿児島県教育委員会が作成した個別の指導計画シート（鹿児島県教育委員会，2010）

※評価は，十分達成した◎　達成した○　努力が必要△

保育実践の評価と心理学

1. 評価とは

　評価ということばは，子どもから大人までを対象に，様々な場面で使われます。基本的な意味は，何らかの測定方法によって事物の価値を定めること，もしくは定められた値のことです。発達心理学では，評価は**アセスメント**と表記されることが多く，このアセスメントには査定，評価という意味のほかに見積もる，予測するという意味も含まれています。ある対象を評価するということは，今後の予想も含めてその対象の現状を理解するということになります。

2. 保育における評価

(1) 保育者が行う自己評価

　保育所保育指針の第1章総則「3　保育の計画及び評価」には，「保育士等は，保育の計画や保育の記録を通して，自らの保育実践を振り返り，自己評価することを通して，その専門性の向上や保育実践の改善に努めなければならない」という項目があります。

　何のために保育を評価するのでしょうか。保育指針には「その専門性の向上や保育実践の改善」のためと述べられています。つまり，ただ現状を査定するだけでなく，現状に欠けているのは何かを把握し，それを解決してさらによい保育実践へとつなげるための方策を考えるうえで役に立つ評価でなくてはなりません。実りのある保育のため，また，保育者自身の成長のために評価が行われるのです。

1) PDCA サイクル

もともとは生産管理や品質管理の手法として知られているものに **PDCA サイクル**というものがあります。Plan（計画）→ Do（実行）→ Check（評価）→ Act（改善）を繰り返すことにより，製品の質を上げていくというものです。これを保育にも当てはめることができます。保育者は自分の実践の中から課題や問題意識をすくい上げ，現状の分析と目標の設定を行い，そのためには何をすべきかを計画します（計画）。そしてそれを実行に移しますが，実践の過程の記録も非常に大切です（実行）。一定期間の実践の後，記録をもとに効果があったかどうかを検討しますがこれが評価にあたります。評価の結果，次の課題がみえてくるはずです（改善）。厚生労働省による「保育所における自己評価ガイドライン」には「自己評価の理念モデル」があげられています（図6-3；なお，ここでは評価を表す語として C（check）が使われていますが，先に述べたアセスメントと同様の意味を持つ語として理解して下さい）。

このようなサイクルを繰り返すことにより，保育者自身の質を上げるとともに，その保育を受ける子どもたちの発達への適切な支援・指導に寄与することができるのです。

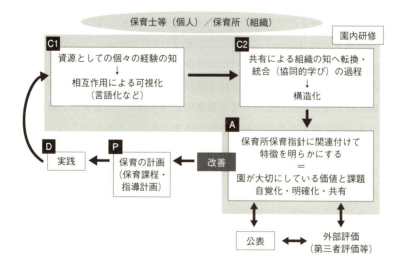

図6-3　自己評価の理念モデル（厚生労働省，2009）

2）どのような方法を使って評価をするか

　保育の評価は，保育者の行動そのもの（子どもへの働きかけ方，動き方，話し方など）の評価の場合と，保育者の特定の働きかけにより，子どもに変化がみられたかどうかなど子どもの行動を測定，評価した結果を保育実践の評価とする場合が考えられます。いずれにしても，長さや重さには世界共通の単位と測定のための物差し（定規や秤など）がありますが，人間の心理状態や行動を測る共通の単位や尺度はありません。何を測定したいかによって，尺度も異なってきます。また，長さや重さは誰がいつ測っても同じ結果が出ますが，人間の測定はそうはいきません。

　このような難しさはありますが，心理学では，これまで人間の精神や行動を評価・測定するための方法として以下に述べるような観察，調査，面接，心理検査などの方法を開発，使用してきました。

① 観 察 法

　観察は，対象を客観的に，ありのままに記録する方法ですが，図6-4のように**自然観察法**と**実験的観察法**に大きく分けられます。

　Ⅰ．自然観察法：観察場面に手を加えず，自然な場面をそのまま観察する方法です。自然観察は，偶然的観察と組織的観察に分けることができます。偶然的観察は，目の前で偶然生じている事象をそのまま時系列的に記録し，その中から何らかの特徴や法則を見出そうとするものです。組織的観察は，いつ・どこで・何を・どの程度の時間調べるかをあらかじめ決めておき，その計画に沿って観察する方法です。この方法は場面見本法と時間見本法に分けられます。

　　ⅰ．場面見本法：朝の集まりの場面，給食の場面，ままごと遊びの場面，というように場面を決めて観察するものです。
　　ⅱ．時間見本法：たとえば朝の子どもの自由遊びの際の保育者の動きを毎日，9時半から10時まで，5分ずつ区切って観察する，あるいはこの30分間の最初の5分，中間の5分，最後の5分というように区切り，そのときに生じている行動を記録するということを一定期間続けるものです。

図 6-4　観察法の種類

　場面見本法，時間見本法ともに時間や場面の条件が同じなので，日々の記録を比較したり，全体の中での変化をみることができます。

　観察法は対象の自然な姿をとらえることができ，また，比較的手軽に赤ちゃんから高齢者，障害のある人などあらゆる対象に行えるのも長所です。一方，観察者の主観を完全に取り除くことは難しいという点には注意しなければなりません。

　Ⅱ．実験的観察法：場面を構成している条件の幾つかを統制することにより，意図的に被験者の行動を引き起こし，これを観察するものです。一般的にはある条件を変化させる群とさせない群をつくり，両方を比較してその条件の効果を検討します。たとえば，同じ保育者が製作活動の説明をことばだけで行う場合と，見本を見せながら行う場合を比較するというようなことが可能です。この方法は，観察する場面を人為的につくり出す点が自然観察とは異なります。エインズワースのストレンジ・シチュエーション法（第3章コラム6参照）も実験的観察法によるものです。

②**調査法**

　一般的には，質問紙に書かれた質問項目に筆記で答えさせるやり方です。答えは「はい・いいえ」などの選択式や「非常にそう思う」から「全くそう思わない」までを3段階，5段階などで答えるものなどがあり，得点化して整理することが可能です。調査法は，答えられたものが，その人の内面を表していると解釈されますが，質問項目が適切であるかどうか，答える人が正直に記入しているかなどの留意点があります。

③面接法

　調査法が主として紙面での質問に答えるやり方であるのに対し，相手と直接対面して口頭で質問し，得られた発言内容から相手を理解しようとするのが面接法です。発言内容を，幾つかの視点にそって分類したり，得点化するなどするなどの整理が可能で，これが評価の材料となります。

④心理検査法

　心理検査として，標準化の手続きを経て作成された様々な心理検査があります。代表的なものは知能検査や発達検査，性格検査です。現在，保育者の行動の評価法として確立されているものはほとんど見当たりませんが，たとえば子どもへのある特定の計画的な働きかけの効果があったかどうかの検討材料の一つとして，こうした心理検査を用いることができます。

3）保育評価の実際

　「保育所における自己評価ガイドライン」には，保育評価の方法として，次の3つがあげられており，どれか1つに限定するのではなく，組み合わせるなどして創意工夫を図るのが望ましいとされています。

　①保育士等の個々の実践の振り返りを最大限に生かす方法
　②日誌やビデオ等の記録をもとに多様な視点から振り返る方法
　③既存の評価項目等を利用して振り返る方法

　①は，偶然的観察に基づく方法です。保育者は，保育中の自分の行動を他の保育者等に観察してもらうことで，自己の子どもへの接し方，話し方，動き方を振り返り，評価することができます。ここから得られる情報あるいは評価は，保育者の主観的見方からのものも多いことに注意しなければなりませんが，リラックスした中での制約のない会話の中から思わぬヒントを得ることがしばしばあります。

　②も基本的には自然観察による方法です。ビデオやDVDで自分の姿を記録する場合，偶然的観察に沿った記録は容易にでき，様々な分析が可能です。しかし，どのような状態や場面を記録するかをある程度決めておかないと，記録された量は膨大でも，その中から有意義な評価に結びつくデータを取り出すこ

```
○教育課程・指導
・建学の精神や教育目標に基づいた幼稚園の運営状況
・幼稚園の状況を踏まえた教育目標等の設定状況
・幼稚園の教育課程の編成・実施の考え方についての教職員間の共通理解の状況
・学校行事の管理・実施体制の状況
・教育週数，1日の教育時間の状況
・年間の指導計画や週案などの作成の状況
・幼小連携の円滑な接続に関する工夫の状況
・遊具・用具の活用
・ティーム保育などにおける教員間の協力的な指導の状況
・幼児に適した環境に整備されているかなど，学級経営の状況
・幼稚園教育要領の内容に沿った幼児の発達に即した指導の状況
    ・環境を通して行う幼稚園教育の実施の状況
    ・幼児との信頼関係の構築の状況
    ・幼児の主体的な活動の尊重
    ・遊びを通しての総合的な指導の状況
    ・一人ひとりの発達の特性に応じた指導の状況　　など
```

図 6-5　評価項目・指標等を検討する際の視点となる例（文部科学省，2008）

とが難しくなることに注意しなければなりません。日誌も同様で，特に視点を定めずに書かれたものは，後から分類整理しようとしても困難なことが多くなります。日誌やビデオは繰り返し読む，あるいは確認することができるので，①に比べ，客観的な方法です。日誌にしても，録画にしても組織的観察の視点から，観察を計画することも必要でしょう。

　③は，調査法や心理検査法にあたります。たとえば第三者評価の項目や子どもの行動や発達のチェックリストなどを用いて評価する方法です。文部科学省が平成20年3月に示した「幼稚園における学校評価ガイドライン」では教育課程や指導の面の評価項目や指標を検討する際の視点の例として，図6-5が参考としてあげられています。これを参考に，次のような項目が評価のために考えられます。

・年度が始まる時点で年間の指導計画が立てられている
・週案が遅れずに作成されている
・子どもが身近な自然と関われるような働きかけを行っている

　また，千葉県のある保育所が行った第三者評価の評価項目例を表6-2にあげておきます。

2 保育実践の評価と心理学

表 6-2 ある保育園の第三者評価結果例（学研データサービスによる）

福祉サービス第三者評価項目（保育所）の評価結果

大項目	中項目	小項目	項目	評価結果
Ⅳ保育所	1 子どもの発達援助	(1)発達援助の基本	1 保育計画が，保育の基本方針に基づき，さらに地域の実態や保護者の意向等を考慮して作成されている。	a
			2 指導計画の評価を定期的に行い，その結果に基づき，指導計画を改定している。	a
		(2)健康管理・食事	3 登園時や保育中の子どもの健康管理は，マニュアルなどがあり，子ども一人ひとりの健康状態に応じて実施している。	a
			4 健康診断（内科，歯科）の結果について，保護者や職員に伝達し，それを保育に反映させている。	a
			5 感染症発生時に対応できるマニュアルがあり，発生状況を保護者，全職員に通知している。	a
			6 食事を楽しむことができる工夫をしている。	a
			7 子どもの喫食状況を把握するなどして，献立の作成・調理の工夫に活かしている。	a
			8 子どもの食生活を充実させるために，家庭と連携している。	a
			9 アレルギー疾患をもつ子どもに対し，専門医からの指示を得て，適切な対応を行っている。	a
		(3)保育環境	10 子どもが心地よく過ごすことのできる環境を整備している。	a
			11 生活の場に相応しい環境とする取り組みを行っている。	a
		(4)保育内容	12 子ども一人ひとりへの理解を深め，受容しようと努めている。	a
			13 基本的な生活習慣や生理現象に関しては，一人ひとりの子どもの状況に応じて対応している。	a
			14 子どもが自発的に活動できる環境が整備されている。	a
			15 身近な自然や社会と関われるような取組みがされている。	a
			16 遊びや生活を通して，人間関係が育つよう配慮している。	a
			17 子どもの人権に十分配慮するとともに，文化の違いを認め，互いに尊重する心を育てるよう配慮している。	a
			18 性差への先入観による固定的な観念や役割分業意識を植え付けないよう配慮している。	a
			19 乳児保育のための環境が整備され，保育の内容や方法に配慮がみられる。	a
			20 長時間にわたる保育のための環境が整備され，保育の内容や方法に配慮がみられる。	b
			21 障害児保育のための環境が整備され，保育の内容や方法に配慮がみられる。	a
	2 子育て支援	(1)入所児童の保護者の育児支援	22 一人ひとりの保護者と，日常的な情報交換に加え，個別面談などを行っている。	a
			23 家庭の状況や保護者との情報交換の内容が必要に応じて記録されている。	a
			24 こどもの発達や育児などについて，懇談会などの話し合いの場に加えて，保護者と共通理解を得るための機会を設けている。	a
			25 虐待を受けていると疑われる子どもの早期発見に努め，得られた情報が速やかに所長まで届く体制になっている。	b
			26 虐待を受けていると疑われる子どもの保護者への対応について，児童相談所などの関係機関に照会，通告を行う体制が整っている。	a
		(2)一時保育	27 一時保育は，一人ひとりの子どもの心身の状態を考慮し，通常保育との関連を配慮しながら行っている。	—

（2）園全体の評価

平成14年4月に施行された幼稚園設置基準で，各幼稚園は自己評価の実施とその結果の公表に努めることとされ，さらに平成19年6月の学校教育法，同年10月の学校教育法施行規則の改正により，自己評価・学校関係者評価の実施と公表に関する規定が設けられました。保育所保育指針でも，第1章総則「3　保育の計画及び評価」に，保育所も自己評価を行い，その結果を公表するよう努めなければならない，とあります。

園の評価は一人ひとりの保育士の自己評価，振り返りが土台となります。図6-6は「保育所における自己評価ガイドライン」に紹介されている，自己評価も含めた園全体の評価の進め方についてのイメージです。

評価は，ややもすると結果の数値がひとり歩きしてしまい，その上がり下がりや他者との比較に関心が集中してしまう恐れがあります。この章の冒頭に述べたように，保育の評価はそれ以前に必ず，保育者や保育を受ける子どもたち

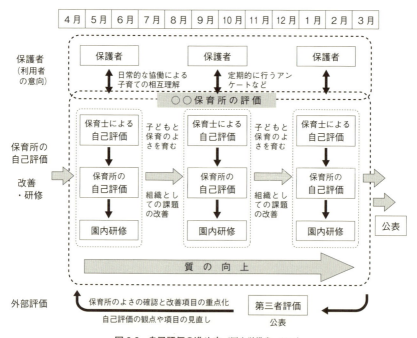

図6-6　自己評価の進め方（厚生労働省，2009）

にとって必然と思われる目標設定が行われていなければなりません。そして，評価の結果がなぜそうなったのかの検討をしっかりと行うことが大切です。そしてその考察をもとに，次の実践に向けて意味のある目標を立てること，保育の評価を子どもたちの成長，発達に有意義な形で反映できるよう，そして保育者自身が成長できるように利用していくことが望まれます。

■ **考えてみよう**

数人でグループを作り，半数のメンバーはその場で，あるいは場所を移してもよいので，遊びます（ゲームでも何でもよい）。残りのメンバーは，その様子を観察し，記録してみましょう。

■ **参考書**

高橋道子・藤﨑眞知代・仲 真紀子・野田幸江　1993　子どもの発達心理学　新曜社

【引用文献】
鹿児島県教育委員会　2010　相談支援ファイル作成の手引き
厚生労働省　2017　保育所保育指針（平成29年告示）
厚生労働省　2009　保育所における自己評価ガイドライン
文部科学省　2008　幼稚園における学校評価ガイドライン
財団法人発達科学研究教育センター　1991　KIDS（キッズ）乳幼児発達スケール

コラム11 評価の落とし穴

　第6章の2では自己評価の視点が中心でしたが，人が人を評価する場合の評価というのもなかなか難しいものです。よく知られている，評価の際に陥りやすい過ちを紹介します。これは，保育者が子どもや保護者をとらえようとした場合にも当てはめられるかもしれません。

・光背効果：何か1つの点が優れている（または劣っている）と，他のすべてが優れて見えたり，劣って見えたりしてしまうこと。
・寛大化効果：相手に嫌われたくないなどの思いが働き，全体的に甘い評価になってしまうこと。
・論理的誤差：客観的な根拠はないのだが，自分で勝手に理屈をつくり，それを基準に評価してしまうこと。
・中心化効果：5段階評価などの様式で行う場合，答えが中心の「どちらでもない」に集まってしまうこと。

3歳10か月児（左）と7か月児（右）

● 年齢あてクイズ　答え
　①生後2日　②1歳7か月　③7か月　④3か月　⑤1歳6か月　⑥満2歳
● 1章1節　考えてみよう1．解答例
「もしかしたらお母さんにかまってもらいたくて，わざと隠れたりしているのかもしれませんね」や「叱られてもかまってもらえるとうれしいのかもしれませんね」
● 2章4節　考えてみよう　解答例
1〜2歳児：
・「（○○と△△を手に持って），どっちを片づける？」「こっち」「はいどうぞ」
・「一緒に片づけよう。はい，Aちゃんの番，今度は先生の番」など
3〜4歳児：
・「10数える間に片づけられるかな？　1, 2, 3……」
・「Bちゃんすごい！　いっぱい片づけてくれてありがとう。Cちゃんもがんばってるね！」など他児をほめる。など
5〜6歳児：
・カウントダウンする。「10, 9, 8……」
・時間を決める「長い針が3のところになるまでに片づけよう」など
このほか
・年齢にかかわらず「片づけたら□□するよ」と予告するのは効果的。
・127ページの事例も参照してください。
● 3章1節　考えてみよう　解答例
保育者は赤ちゃんがえりを今までのように否定的に見るのではなく，F君の甘えたい気持ちを受け止める方向へと変化した。
● 3章2節　描いてみよう　解答例

1. 大きなまるをかく。

2. まるの半分より下に，少し離して2つの目をかく。

3. 鼻・口・耳・髪を加える。

● 3章3節　考えてみよう2．解答例
①子どもたちがT君のせいで困っているという状況をつくってしまったこと。
②T君ができるだけ早くできるようにみんなで応援をしようという雰囲気をつくる。たとえば，T君を待つ間，「みんな20まで数えられる？　数えてみようか？」と言って，「1, 2, 3・・・」とゆっくり数え始める。そして「T君，がんばれ」とコールする。そして，T君が席に着くと保育者は，「みんなよく待てたね。えらかったね」という。

事項索引

あ行

愛他行動（altruistic behavior） 81
愛着（attachment） 71
　——行動（attachment behavior） 70
アイデンティティ（自我同一性：ego-identity） 137
アセスメント（assessment） 159
遊び（play） 85
アニミズム的思考（animistic thinking） 43
アフォーダンス（affordance） 28
安全基地（secure base） 50, 73
いざこざ（trouble） 89
一語発話（single-word utterance） 58
遺伝（heredity） 19
意味記憶（semantic memory） 100
産声（birth cry） 29
エクソシステム（exo-system） 26
エピソード記憶（episodic memory） 100
延滞模倣（delayed imitation） 42
奥行知覚（depth perception） 47
オペラント条件づけ（operant conditioning） 105
思いやり行動（sympathetic behavior） 81

か行

外言（external speech） 60
外的報酬（extrinsic reward） 81
外発的動機づけ（extrinsic motivation） 110
学習（learning） 3, 19
　——に対する意欲（will to learn） 134

観察——（observation learning） 108
空の巣症候群（empty nest-syndrome） 141
感覚運動的知能（sensorimotor intelligence） 39
環境（environment） 19
　——閾値説（environment threshold theory） 21
観察法（observation method） 161
気質（temperament） 22
KIDS 153
吃音（stuttering） 66
基本的信頼感（basic trust） 73
基本的生活習慣（fundamental habit） 50
ギャングエイジ（gang age） 133
吸啜反射（sucking reflex） 32, 40
強化子（reinforcer） 106
強化する（reinforce） 106
共感覚（synesthesia） 39
共同注意（joint attention） 57
共鳴動作（co-action） 70
具体的操作（concrete operation） 42
　——期（concrete operational stage） 130
クロノシステム（chrono-system） 26
形式的操作（formal operation） 42
　——期（formal operational stage） 130
継続（continuation） 3
結果期待（outcome expectancy） 132
けんか（quarrel） 89
現実の自己（real self） 53
原始反射（primitive reflex） 31

構音障害（articulation disorder） 66
口唇探索反射（rooting reflex） 40
行動調整機能（control of behavior） 60
刻印づけ（imprinting） 23
心の理論（theory of mind） 79
誤信念課題（false belief tasks） 79
個性（individuality） 5
ごっこ遊び（make-believe play） 42, 87
古典的条件づけ（classical conditioning） 105
子ども観（view of children） 8

さ行
作業記憶（working memory） 100
3か月微笑（social smile） 72
三項関係（triadic relationship） 57
産後うつ病（postpartum depression） 122
シェイピング（shaping） 107
視覚的断崖（visual cliff） 47
自我の芽生え（awakening of self-consciousness） 50
時間見本法（time sampling method） 161
自己概念（self-concept） 131
自己効力感（self-efficacy） 111, 132
自己主張（self-assertion） 51, 88
自己制御（self-regulation） 51
自己中心性（egocentrism） 43
自己評価（self-evaluation） 131
自己不信感（self-distrust） 53
自己有能感（self-competence） 53
自己抑制（self-control） 51, 88
思春期（puberty） 135
自然観察法（natural observation） 161
自尊感情（self-esteem） 53
実験的観察法（experimental observation） 161
児童の権利に関する条約（Convention of the Rights of the Child） 14
自発的微笑（spontaneous smile） 71
社会的参照（social referencing） 47
社会的微笑（social smile） 47
集団的独語（collective monologue） 60
主観的幸福感（subjective well-being） 143
小1プロブレム（first-grader problem） 134
条件刺激（CS: conditioned stimulus） 105
条件反応（CR: conditioned response） 105
情動調律（affect attunement） 71
初期経験（early experience） 23
初語（first word） 57
自律（autonomy） 131
——的な学習（autonomous learning） 133
自立歩行（self-standing walking） 32
心身（mind and body） 3
新生児期（neonatal period） 29
人生の午後（the afternoon of life） 141
心理・社会的発達論（theory of psychosocial development） 117
心理・性的発達論（theory of psychosexual development） 117
心理検査法（psychological testing） 163
心理的葛藤（psychological conflict） 89
衰退（decline） 3
ストレンジ・シチュエーション法（strange situation procedure） 76
スモールステップ（small step） 107
刷り込み（imprinting） 23
性格検査（personality test） 152
成熟（mature） 3, 19
成熟前傾現象（acceleration in maturity） 136
精神年齢（MA: mental age） 152

精神分析（psychoanalysis）　117
生態学的システム（ecological system）　24
成長加速現象（growth spurt）　136
生理的早産（physiological premature delivery）　10
生理的微笑（reflex smile）　47, 71
前概念的思考（preconception thought）　42
宣言的記憶（declarative memory）　100
漸成説（epigenetic theory）　117
選好注視法（preferential looking method）　38
前操作期（preoperational stage）　42
相互交渉能力（ability of mutual interaction）　90
相互作用説（interactional view）　20, 22
操作期（operational stage）　42
喪失（loss）　3
相貌的知覚（physiognomic perception）　43
促進（promotion）　4
粗大運動（gross motor）　31

た行
第1反抗期（first period of defiance）　50
第2次性徴（secondary sexual characteristics）　135
胎芽期（embryonic period）　120
第三者評価（third-party evaluation）　164
胎児期（fetal period）　120
対象の永続性（object permanence）　41
達成動機（achivement motivation）　53
タブララサ（tabula rasa）　10
他律（heteronomy）　131
短期記憶（short-term memory）　100
探索活動（search activity）　74, 84

知恵（wisdom）　143
知覚的判断（perceptual judgement）　43
知的好奇心（intellectual curiosity）　111
知能検査（intelligence test）　152
知能指数（IQ: intelligence quotient）　152
長期記憶（long-term memory）　100
調査法（research method）　162
直観的思考（intuitive thought）　42
テストバッテリー（test battery）　152
手続き的記憶（procedual memory）　100
電文体（telegraphic style）　58
トイレットトレーニング（toilet training）　150
道徳性の判断（judgement of morality）　131

な行
内言（inner speech）　60
内的報酬（intrinsic reward）　81
内発的動機づけ（intrinsic motivation）　111
仲間関係（peer relationship）　84
喃語（babbling）　56
二項関係（dyadic relationship）　57
二語発話（two-word speech）　58
乳児期（infancy）　29

は行
把握反射（grasp reflex）　40
罰（punishment）　106
8か月不安（stranger anxiety）　72
発達援助（developmental support）　149
発達課題（developmental task）　117
発達観（view of development）　10
発達指数（DQ: developmental quotient）

152
発達段階（stages of development）　117
発達年齢（DA: developmental age）
　　　152
発達の最近接領域（zone of proximal
　　　development）　149, 151
発達の領域固有性（domain specificity of
　　　development）　11
場面緘黙（selective mutism）　66
場面見本法（situational sampling
　　　method）　161
ハンドリガード（hand regard）　40
微細運動（fine motor）　31
PDCAサイクル（plan-do-check-act cycle）
　　　160
人見知り（stranger anxiety）　72, 78
評価（evaluation）　159
表象的知能（representative intelligence）
　　　42
敏感期（sensitive period）　24, 55
輻輳説（convergence theory）　20
ふざけ（gambol）　88
ふり（pretence）　87
ふり遊び（pretend play）　87
変化（change）　3
報酬（reward）　106
保存（conservation）　43

ま行

マイクロシステム（micro system）　24
mind-mindedness　80
マクロシステム（macro system）　26
マタニティブルーズ症候群（maternity
　　　blues）　122
見立て遊び（symbolic play）　42

ミラー・ニューロン（mirror neuron）
　　　78
無条件刺激（UCS: unconditioned
　　　stimulus）　105
無条件反応（UCR: undonditioned
　　　response）　105
メゾシステム（mezzo system）　24
メタ記憶（metamemory）　101
目と手の協応（eye-hand coordination）
　　　40
面接法（interview method）　163
モデリング（modeling）　108

や行

やりとり（interaction）　84
幼児期健忘（childhood amnesia）　102
幼児語（baby talk）　56
抑制（inhibition）　4
欲求不満耐性（frustration tolelance）
　　　52

ら行

理想の自己（ideal self）　53
利他的行動（altruistic behavior）　81
リハーサル（rehearsal）　100
領域固有の思考力（domain specific
　　　thinking skill）　12
領域固有の知識（domain specific
　　　knowledge）　12
臨界期（critical period）　23
レディネス（readiness）　20

わ行

ワーキングメモリー（working memory）
　　　→ 作業記憶

人名索引

あ行
朝生あけみ　90
東　洋　12
天岩静子　81
新井邦二郎　21
荒木　勤　120
アリエス（Ariès, P.）　8
アンガーラー（Ungerer, J. A.）　146
ヴィゴツキー（Vygotsky, L. S.）　60, 151
ウィンバーグ（Winberg, J.）　37
上野直樹　12
上村　晶　81
上原　泉　100, 102
臼井　博　83
内田伸子　44, 61, 128
エイマス（Eimas, P. D.）　56
エインズワース（Ainsworth, M. D. S.）　76, 77, 162
エリクソン（Erikson, E. H.）　11, 54, 73, 117, 118, 130, 137, 139, 141, 143
遠藤利彦　39
大熊輝雄　123
太田光洋　9, 25
オオニシ（Onishi, K. H.）　80
岡本祐子　138, 141

か行
柏木惠子　51
片瀬一男　138
亀山正邦　142
加用文男　87
菊池章夫　81
木下芳子　90

ギブソン（Gibson, J. J.）　28
クラウス（Klaus, M. H.）　71
ケイル（Kail, R.）　101
ゲゼル（Gesell, A.）　19, 20, 36
ケネル（Kennell, J. H.）　71
コエスク（Koeske, R. D.）　101
小西行郎　124

さ行
斉藤誠一　136
斉藤信子　133
相良順子　131-133
桜井茂男　133
佐々木尚之　27
佐々木正人　28
サメロフ（Sameroff, A.）　22
ジェルマン（Gelman, R.）　12
ジェンセン（Jensen, A. R.）　21
下條信輔　38, 71
シュテルン（Stern, W.）　20
スキナー（Skinner, B. F.）　105, 106
ストラッツ（Stratz, C. H.）　30
スプール（Spoor, A.）　142
関口はつ江　9, 25
ソース（Sorce, J. F.）　47

た行
高橋たまき　85-87
高橋道子　22, 32, 35
田中幸代　112
谷　俊一　131, 132
玉田太朗　136
田丸敏高　133

チー（Chi, M. T. H.）　12, 101
ドゥキャスパー（DeCasper, A. J.）　37
ドナルドソン（Donaldson, M.）　12
トンプソン（Thompson, H.）　20

な行
中谷陽明　143
永田雅子　122
成田奈緒子　33

は行
ハーグリーヴズ（Hargreaves, D. J.）　12
パーテン（Parten, M.）　95
パーナー（Perner, J.）　80
ハーロウ（Harlow, H. F.）　23
ハヴィガースト（Havighurst, R. J.）　11, 117-119
パスキャリス（Pascalis, O.）　38
ハッチンソン（Hutchinson, J. E.）　12
パブロフ（Pavlov, I. P.）　104, 105
濱川今日子　9
ハリソン（Harrison, L. J.）　146
バルテス（Baltes, P. B.）　143
繁多　進　48, 51
バンデューラ（Bandura, A.）　108, 131
ピアジェ（Piaget, J.）　11, 39, 40, 42, 43, 45, 59, 60, 117, 118, 130, 131
東山　明　36
東山直美　36
櫃田紋子　84
平井誠也　21
開（Hiraki, K.）　39
ファイファー（Fifer, W. P.）　37
ファンツ（Fantz, R. L.）　37, 38, 99
フィールド（Field, T. M.）　70
フィッセル（Overmeer Fisscher, J. F. van）　9
藤永　保　24, 69
プラット（Pratt, A. R.）　12

ブリッジズ（Bridges, K. M. B.）　46
プレマック（Premack, D.）　79
フロイス（Fróis, L.）　9
フロイト（Freud, S.）　11, 117, 118
ブロンフェンブレンナー（Bronfenbrenner, U.）　24
ベクストン（Bexton, W. H.）　112
ペスタロッチ（Pestalozzi, J. H.）　9
ボウルビィ（Bowlby, J.）　70, 73, 76, 125
ポーター（Porter, R. H.）　37
堀越紀香　88, 89
ポルトマン（Portmann, A.）　10
本郷一夫　91

ま行
マクギャリグル（McGarrigle, J.）　12
正高信男　57
マズロー（Maslow, A. H.）　112
松井　豊　137
松沢哲郎　146
三木安正　34
光元麻世　138
ミラー（Miller, G. A.）　100
無藤　隆　88
武良布枝　14
村田孝次　33, 95, 131
メインズ（Meins, E.）　80
メルツォフ（Meltzoff, A. N.）　39
モース（Morse, E. S.）　10
森川昭廣　121
モロイ（Molloy, C. G.）　12
モンテッソーリ（Montessori, M.）　55

や行
ユング（Jung, C. G.）　141
横浜恵三子　84
吉岡眞知子　9

ら行
リゾラッティ（Rizzolatti, G.）　79

ルクセンブルガー（Luxenburger, H.）
　20, 21
ルソー（Rousseau, J. J.）　9
ルリヤ（Luria, A. R.）　60
レイナー（Rayner, R.）　20
ロヴィーコリア（Rovee-Collier, C. K.）
　99

ローレンツ（Lorenz, K. Z.）　23, 69
ロック（Locke, J.）　10
ロビン（Robin, A. F.）　12

わ行

ワトソン（Watson, J. B.）　20

【執筆者紹介】
相良順子（さがら　じゅんこ）
聖徳大学教育学部児童学科教授
最終学歴：お茶の水女子大学大学院人間文化研究科修了（1999）
　　　　　博士（人文科学）
主著：『子どもの性役割態度の形成と発達』（単著，風間書房，2002）
　　　『保育の現場で役立つ心理学』（共著，アイ・ケイコーポレーション，2018）
　　　『現代の子どもをめぐる発達心理学と臨床』（編著，福村出版，2021）
担当：1章1節，4章1節，5章1～6節

村田カズ（むらた　かず）
聖徳大学大学院兼任講師
最終学歴：お茶の水女子大学大学院人文科学研究科修了（1983）
主著：『子どもの教育の原理』（共著，萌文書林，2011）
　　　『障害児保育』（共著，萌文書林，2012）
　　　『保育の現場で役立つ心理学』（共著，アイ・ケイコーポレーション，2018）
担当：2章3節，3章1～3節，4章3節

大熊光穂（おおくま　みつほ）
聖徳大学短期大学部兼任講師
最終学歴：お茶の水女子大学大学院人間文化研究科単位取得満期退学（1989）
主著：『教育心理学—〈エクササイズ〉で学ぶ発達と学習』（共著，建帛社，2002）
　　　『発達障害児の心理学と育児・保育』（共著，ブレーン出版，2004）
　　　『保育の現場で役立つ心理学』（共著，アイ・ケイコーポレーション，2018）
担当：1章2節，2章1節，4章2節，6章1・2節

小泉左江子（こいずみ　さえこ）
東京純心大学現代文化学部子ども文化学科教授
最終学歴：お茶の水女子大学大学院人文科学研究科修了（1979）
主著：『障害児保育』（共著，萌文書林，2012）
　　　『保育の現場で役立つ心理学』（共著，アイ・ケイコーポレーション，2018）
　　　『子ども家庭支援の心理学』（編著，ナカニシヤ出版，2020）
担当：1章2節コラム，2章2・4・5節

保育の心理学［第3版］
子どもたちの輝く未来のために

2018 年 4 月 30 日　第 3 版第 1 刷発行
2024 年 3 月 30 日　第 3 版第 8 刷発行

（定価はカヴァーに表示してあります）

　　　　著　者　　相良　順子
　　　　　　　　　村田　カズ
　　　　　　　　　大熊　光穂
　　　　　　　　　小泉左江子
　　　　発行者　　中西　　良
　　　　発行所　　株式会社ナカニシヤ出版
　　　　〶 606-8161　京都市左京区一乗寺木ノ本町 15 番地
　　　　　　　　　　　Telephone　075-723-0111
　　　　　　　　　　　Facsimile　075-723-0095
　　　　　　　　Website　http://www.nakanishiya.co.jp/
　　　　　　　　E-mail　iihon-ippai@nakanishiya.co.jp
　　　　　　　　　　　郵便振替　01030-0-13128

装幀＝白沢　正／印刷・製本＝ファインワークス
Copyright © 2012, 2013, 2018 by J. Sagara et al.
Printed in Japan.
ISBN978-4-7795-1282-7

本書のコピー，スキャン，デジタル化等の無断複製は著作権法上での例外を除き禁じられています。本書を代行業者等の第三者に依頼してスキャンやデジタル化することはたとえ個人や家庭内の利用であっても著作権法上認められておりません。